大迫力！禁域の都市伝説大百科

朝里 樹 監修

西東社

都市伝説の世界へようこそ

都市伝説とはなんなのか?

　都市伝説とは、出どころがはっきりしていないが、多くの人々によって噂されている伝説のこと。怪人や怪物、不思議な現象や体験談、宇宙人との遭遇、常識だと思っていたことがくつがえされる仮説など、さまざまな話が存在する。嘘かまことか、本当のところはだれもわからないが、自分の身に起こりそうな身近な話が多い。信じるか信じないかは、あなた自身が決めることだ。

都市伝説はどのように広まるのか?

　都市伝説といえば、かつては口コミで噂され、テレビや雑誌、新聞などを通して全国的に広まっていくことが多かった。インターネットが普及した現在では、SNSやインターネット掲示板、動画投稿サイトなどでシェアされることが多い。「ボス猫(➡P80)」のように1人の投稿をきっかけに「同じような体験をした」という多くの声が寄せられて、広まっていくケースもある。

噂が広まるなかで都市伝説は変化する

女子トイレの怪人といえば「トイレの花子さん(➡P5)」だが、男子トイレには、彼女のボーイフレンドという噂の「太郎くん(➡P150)」が出るという。また、高速道路を走る怪人は「ターボババア(➡P7)」が有名だが、近年ではスケボーで走る「スケボーババア(➡P66)」もいる。このように都市伝説というのは、噂が広がるにつれて仲間ができたり似たような怪人があらわれたりするなど、いろいろと変化していく性質をもつようだ。

時代をあらわす都市伝説

都市伝説は、噂をするさまざまな人々によって広められ、変化していくひとつの現象でもあり、流行や社会的な事件の影響を受けやすい。つまり、都市伝説はその時代の社会をあらわしているともいえる。

現在では、パソコンのデータをこわす「初期化幽霊(➡P148)」やコミュニケーションアプリにあらわれる「らいんわらし(➡P146)」のように、昔はなかった道具や技術にまつわる伝説もどんどんふえている。

3

0章

日本の有名な怪人たち

トイレの花子さん、くねくね、ターボババア、八尺様、注射男…。
これらは特に有名で、全国的に知られている都市伝説である。
彼らの噂から派生（別のものに変わること）して、生まれた怪人も数多い。
本シリーズ『都市伝説大百科』ではすでに紹介したことがあるが、
今回は改めてどんな怪人なのか紹介していこう。

トイレの花子さん

トイレにあらわれる危険な少女の怪人

全国の学校のトイレにいる怪人。赤いスカートをはき、おかっぱの女の子のすがたをしている。

学校の3階にある女子トイレの3番目のドアを3回ノックして、「花子さん、遊びましょう」というと、「はーい」と返事が聞こえてくるという。花子さんに「何して遊ぶ？」

と聞かれたら、「なわとび」と答えると首をしめられ、「水泳」と答えるとトイレの中に吸いこまれてしまうそうだ。

近年では子どもたちの味方や友だちとして描かれることもあるが、とても危険な怪人のため、花子さんを呼び出さないほうがいいだろう。

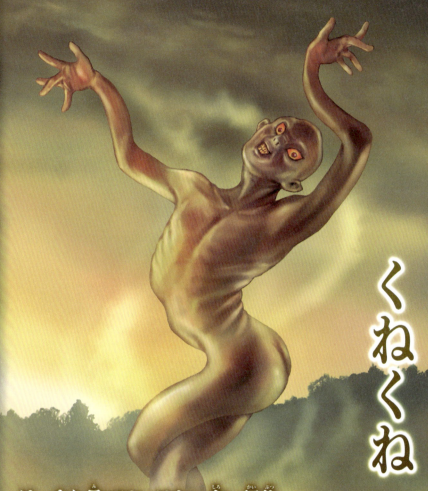

くねくね

はっきり見てはいけない白い怪物

　全国の田んぼや海岸にあらわれ、体をくねくねとくねらせながら動く、真っ白な怪物。ありえない方向に関節が曲がるなど、体の動き方が人間ばなれしている。2000年ごろから、インターネット上で語られるようになった。

　遠くから見るだけなら問題ないが、もし双眼鏡などで拡大して見たり、はっきりと見たりして、その正体を知ってしまうと、頭がおかしくなってしまうといわれている。くねくねの正体を知った子どもが、とつぜん笑いながら体をくねらせ、新たなくねくねになってしまったという噂もある。

ターボババア

高速道路を猛スピードで走る老婆

　全国の高速道路に出没する、おばあさんのすがたをした怪人。背中には「ターボ」と書かれた紙が貼ってあることから、この名前がついたのかもしれない。灰色の着物を着ているという説もある。高速道路を走る車を、よつんばいで追いかけてきて、ぴったりと横に並んで走り続けるといわれている。

　福岡県にあらわれたターボババアは、車に追いつくと車体の後ろに飛び乗り、車をスリップさせて事故を起こしたという。ターボババアのスピードとパワーが増すと「ハイパーババア」、さらにパワーアップすると「光速ババア」に進化する。

八尺様

不気味な笑い声を上げる巨大な怪人

　不気味な笑い声を上げながら歩く、女のすがたをした巨大な怪人。身長は8尺（昔の長さをあらわす単位で、現在では240cmほど）もある。若い女性のすがたをしていることが多く、帽子をかぶり「ぽぽぽぽ」などの不気味な笑い声を発する。2008年ごろからインターネット上で語られるようになった。

　もし八尺様に気に入られると、数日以内に取り殺されるという。そのときは、塩やお守りを準備して部屋から出なければ助かるそうだ。しかし、八尺様は親しい人の声のモノマネをして、ねらった人間を部屋からおびき出そうとするという。

注射男

毒入り注射器を持つ危険な怪人

　毒の入った注射器を持ち、子どもたちをねらう、全身包帯すがたの危険な怪人。下校の時間、電信柱にかくれてまちぶせし、子どもが通りかかるとすがたを見せて「今、何時？」と聞いてくる。そうして子どもを油断させて腕に毒を注射し、去っていくという。注射器を武器とする都市伝説の怪人はめずらしい。
　注射男の正体は、昔、座敷牢（悪人を閉じこめておく牢屋のような部屋）に入れられて亡くなった人間の怨霊ではないか、とする説がある。うらみのため成仏できない男が、注射男となってよみがえり、町をうろついているのかもしれない。

もくじ

- ◆ 都市伝説の世界へようこそ ─── 2
- ◆ 0章 日本の有名な怪人たち ─── 4
- ◆ トイレの花子さん ─── 5
- ◆ くねくね ─── 6
- ◆ ターボババア ─── 7
- ◆ 八尺様 ─── 8
- ◆ 注射男 ─── 9
- ◆ 本の見方 ─── 16
- ◆ 都市伝説リスト(50音順) ─── 220
- ◆ イラストレータークレジット(50音順) ─── 222

一章 揺れる日常　17

- ◆ サンゴちゃん ─── 18
- ◆ レプティリアン ─── 20
- ◆ キューピットさん ─── 24
- ◆ コティングリー妖精事件 ─── 26
- ◆ せんじゅさま ─── 28
- ◆ 顔が半分ない人 ─── 30
- ◆ ブリッジ女 ─── 32
- ◆ チャラい感じのにーちゃん ─── 34
- ◆ 霊感テスト ─── 38
- ◆ 体の中でふえるフジツボ ─── 40

- 骸骨模型の怪 — 46
- 山のコンビニ — 50
- 謎のアップデート — 52
- 超足が速い人 — 54
- 私はだれでしょう？ — 56
- パジャマを着た子ども — 58
- 鬼宇宙人説 — 60
- ライブ会場の写真 — 62
- 飛脚のふんどし — 42
- 白い高級車 — 44

二章 途切れた世界 65

- スケボーババア — 66
- 深夜のはりきりボーイ — 68
- 笑い女 — 70
- テレポートするTくん — 72
- 扇風機をつけたままねると死ぬ — 76
- 応挙の幽霊 — 78

- ◆ ボス猫 ──── 80
- ◆ 忘れもの帳 ──── 82
- ◆ 東京タワー ──── 84
- ◆ インポッシブル・コイン ──── 88
- ◆ 行きつけのゲーセン ──── 90
- ◆ 青ぼうず ──── 92
- ◆ ベースカバーをする幽霊 ──── 94
- ◆ 幽霊の似顔絵 ──── 96
- ◆ 応援する幽霊 ──── 98
- ◆ 怪獣倉庫 ──── 100
- ◆ くちはてた車 ──── 102
- ◆ 京人形 ──── 104
- ◆ バイク乗りの若者 ──── 106
- ◆ アポロ計画陰謀論 ──── 108
- ◆ ブラックナイト衛星 ──── 112

三章 静寂の行方　115

- ◆ カンカンダラ —— 116
- ◆ 悪夢のタイピングゲーム — 118
- ◆ バッタリさん —— 122
- ◆ 坊さんの幽霊 —— 124
- ◆ さっちゃん —— 126
- ◆ 青いもの —— 128
- ◆ 赤いトンボ —— 130
- ◆ 赤電車の幽霊 — 132
- ◆ 本屋の怪文書 — 134
- ◆ 金魚鉢をかぶった幽霊 —— 136
- ◆ ノースリーブお兄さん – 138
- ◆ 猫の踊り場 —— 140
- ◆ 座敷坊主 —— 144
- ◆ らいんわらし —— 146
- ◆ 初期化幽霊 —— 148
- ◆ 太郎くん —— 150

◆ 海上を行進する兵隊 — 154

◆ 狼に殺されし
山伏3人の幽霊 — 156

◆ 臨死体験に
あらわれる幽霊 — 158

◆ 2人の父親 —— 160

◆ おあずかりしています — 162

四章 終末の境界線　167

◆ 保健室のねむり姫 — 168

◆ がしゃがしゃさん — 172

◆ ナンチャッテおじさん — 174

◆ 裏拍手 ———— 176

◆ 不気味すぎる貼り紙 — 180

◆ 偽物の警察官 —— 182

◆ 大食いの幽霊 —— 184

◆ エンピツおばけ — 186

- ◆ ツチノコ ——— 188
- ◆ 監獄をうろつく
  囚人の幽霊 ——— 190
- ◆ 壁男 ——— 192
- ◆ マラウイテラービースト - 194
- ◆ 白い女 ——— 196
- ◆ トイレ追いかけっこ - 198
- ◆ 教科書を差し出す手 - 200
- ◆ 立ち入り禁止の波止場 - 202
- ◆ ジュースのおばあさん - 206
- ◆ 消えた花嫁 ——— 208
- ◆ ささろさん ——— 210
- ◆ 押入れのお化け - 214
- ◆ シベリアンハスキー - 216
- ◆ シャケの切り身の幽霊 - 218

- ◆ 学校の怪談と都市伝説 ——— 66
- ◆ 未確認生物UMAと都市伝説 ——— 118
- ◆ SNSと都市伝説 ——— 170

本の見方

解説
都市伝説の特徴や噂話などを紹介している。

都市伝説の絵
都市伝説の代表的なすがたが描かれている。

体の中でふえるフジツボ

都市伝説の名前

調査レポート
都市伝説の豆知識や、補足情報を紹介している。

分類
怪人、怪物、霊魂、現象の4種類で分類している。

 怪人　 怪物　 霊魂　 現象

データ

危険度　：都市伝説の危険度を3つの★であらわしている。★が多いほど遭遇すると危険。★がゼロのときもある。

場所　：怪人や怪異がいる場所や、あらわれるおもな場所。

国・地域　：怪人や怪異がおもにあらわれる国や地域。

時代　：都市伝説が噂された年代。

特徴　：怪人や怪異のすがたや能力、人間に対して何をするのか。

一章

揺れる日常

目の前の世界は、昨日と同じだろうか。ほんのわずかなちがいがあるなら、怪異が近づいているのかもしれない。日常は、あちらとこちらの間をいつもゆれ動いているのだから。

サンゴちゃん

少女のすがたをした屋上の怪人

　学校にあらわれる少女の怪人にまつわる都市伝説。サンゴちゃんは、ふつうの女の子のすがたをした怪人で、小学校の立ち入り禁止の屋上にあらわれるという。人がいないはずの屋上のドアをたたく音がしたり、屋上に置いてある物が移動しているなどの現象はサンゴちゃんのしわざだ。

　これらの現象だけならばかわいらしいイタズラをする幽霊のように思えるが、じつはサンゴちゃんはとてもおそろしい怪人だ。サンゴちゃんの正体は、昔いじめられて死んでしまった少女であり、すべての生き物にうらみをいだいているという。だれにも言わずに１人で屋上へ行き、もしサンゴちゃんに出会ったら、食べられてしまうといわれている。

調査レポート

　学校の屋上での都市伝説は多い。屋上で火を持って立っている青いドレスの女を見ると高熱が出る、「白い着物のガイコツさん」と屋上で口にすると北の方角に浮かぶガイコツが見えるなどの噂もある。

一章

データ

危険度 ★★☆　場所 屋上
国・地域 日本　時代 現代
特徴 学校の屋上にあらわれる少女の怪人。
1人のときに出会うと食べられてしまう。

怪人

一章

レプティリアン

社会にひそんでいるトカゲのような怪人

わたしたちがくらす社会にとけこんでいるというトカゲ人間の都市伝説。レプティリアンとは、トカゲのような見た目をした2本足で歩く怪物だ。ファンタジー作品などに登場する想像上の生物だとされることが多いが、本当に存在しているという噂がある。

彼らは人間の服を着ていたり、人間のはだのようなマスクをつけていたりするため、町にいても正体を見やぶることは難しいらしい。レプティリアンの正体は、地球外からやってきた異星人とする説や恐竜の子孫とする説などが有力だ。なんのために人間社会にひそんでいるかはなぞだが、おそろしい秘密の計画のためともいわれている。

データ

怪人

危険度	★★☆	場所	町など
国・地域	世界中	時代	現代
特徴	人間社会にとけこんでいるトカゲ人間。異星人や恐竜の子孫だとする説がある。		

調査レポート

レプティリアン

遠くの星からやってきた異星人？

レプティリアンは、りゅう座という遠い星からきたという説がある。りゅう座人はとても頭がよく、太古の地球にやってきた。そのまま住みつき、歴史を動かしてきたのだというが、この説はうたがう声も多い。

ちなみに、レプティリアンの身長は2～2.4m、しっぽがあり、トカゲのようなはだ、目の中央の瞳は縦長では虫類のような顔だという。また体温や血圧が人間よりも低いとされている。もしこれらの特徴に合う人がいれば、レプティリアンの血を引いているのかもしれない…。

地球からはるか遠くにある、りゅう座からやってきたというが…。

未確認生物リザードマンと似ている

リザードマンとは、目撃情報はあるが存在がたしかめられていない未確認生物だ。身長が2m以上あり、トカゲのような顔をしているなどレプティリアンとの共通点が多い。

性格は非常にきょうぼうで、するどいツメをもっており、人間を見るとおそいかかってくるという。

沼の近くでの目撃情報が多く、体がヌメヌメしている、目が赤いなど、レプティリアンとちがう部分も多い。リザードマンの正体は、地球外からきた、突然変異で生まれたなどの説がある。

どちらも地球上の生物であるトカゲによく似た特徴をもつ。

恐竜と関係はあるのか

レプティリアンの正体として有力なもうひとつの説が「恐竜人間」であるとするものだ。恐竜人間とは、太古の地球でくらしていた恐竜がもし絶滅しなかった場合、は虫類のような見た目だが人間のように2本足で歩く生物に進化したのではないかとする考えである。恐竜人間の想像図が、レプティリアンの特徴と似ているため、関係があると噂されたのだろう。

恐竜人間の想像図は、トロオドンという2本足で歩く恐竜がモデルになっている。トロオドンはほかの恐竜に比べて脳が大きかったそうだ。

キューピットさん

なんでも質問に答えてくれるなぞの霊

霊を呼び出す占いにまつわる都市伝説。昔、キューピットさんという名前の占いが子どもたちの間ではやっていた。まず1枚の紙と10円玉を用意する。紙にひらがなと0～9の数字、ハートマークを書く。そして紙に置いた10円玉の上に指を重ねると、キューピットさんがあらわれるという。このとき、キューピットさんに質問をすると、10円玉が文字や数字の上に動いて答えてくれるという。

ただしキューピットさんにはこわい噂もある。昔、キューピットさんの占いにハマった少女がいた。ある日、キューピットさんを呼び出すと、10円玉が「いっしょにきてくれる?」と動いた。あの世に連れていかれると思った少女は「私はまだ死にたくない」とさけぶと、キューピットさんは消えたという。じつは、キューピットさんの正体は死んだ生徒の幽霊とする説もあり、仲間をほしがっているのかもしれない。

データ

- 危険度 ★☆☆
- 場所 村
- 国・地域 イギリス
- 時代 1917年～1920年
- 特徴 コティングリー村に住む2人の少女が撮影した、妖精の写真にまつわる事件。

一章

コティングリー妖精事件

2人の少女が撮影した妖精たち

イギリスのコティングリー村にあらわれたという妖精にまつわる事件。1917年から1920年にかけて、コティングリー村に住む2人の少女が、妖精が写っている5枚の写真を撮影した。その妖精は30cmくらいで、背中に羽があり、少女たちのそばでおどっているように見えた。

当時、この写真が本物かどうかをめぐって、イギリス中で大きな論争が巻き起こったという。多くの人がこの写真を見て、妖精は実在すると考えたそうだ。

ところが数十年後、少女の1人が写真はニセモノだったと告白。妖精の絵を切りぬき、ピンで止めて写真におさめたという。だがニセモノの写真は4枚だけで、最後に撮影した1枚だけは、死ぬまで本物の写真だったと主張したといわれている。

調査レポート

シャーロック・ホームズシリーズの作家のコナン・ドイルも、妖精の写真を信じた1人だ。彼は写真を調べ、雑誌に「トリックではない」と発表したことで、人々はさらに写真に注目したという。

せんじゅさま

願いごとを叶えてくれる怪物

1980年代に関西地方から広まったとされる都市伝説。せんじゅさまとは、呼び出したものの願いごとを叶えてくれる存在だ。見た目は不明だが、せんじゅという名前から千手観音（たくさんの手をもち、人々を助けてくれる仏さまの1人）のようなすがたなのかもしれない。一見、人間の味方のようだが、せんじゅさまに願いを叶えてもらうと、なぜか幸せすぎて死んでしまうというおそろしい噂もある。

せんじゅさまを呼び出すには、黄色い花を持って、公園など子どもが多くいそうな場所に行く。そして願いごとを口にすると、せんじゅさまがあらわれて願いを叶えてくれるという。このとき鈴を鳴らすと、不幸もはらってくれるそうだ。

地方によっては「ててさま」「ハガチさま」とも呼ばれ、呼び出す手順が異なる場合もあるという。

調査レポート

1987年には、埼玉県の男子中学生が、黄色い花をにぎりしめたまま亡くなるという事故があった。当時の週刊誌で、この事故はせんじゅさまの都市伝説と結びつけられて報道されていた。

一章

データ

危険度	★★☆	場所	公園など
国・地域	日本・関西地方	時代	1980年代
特徴	呼び出すと願いを叶えてくれる怪物。願いが叶うと幸せすぎて死んでしまう。		

怪物

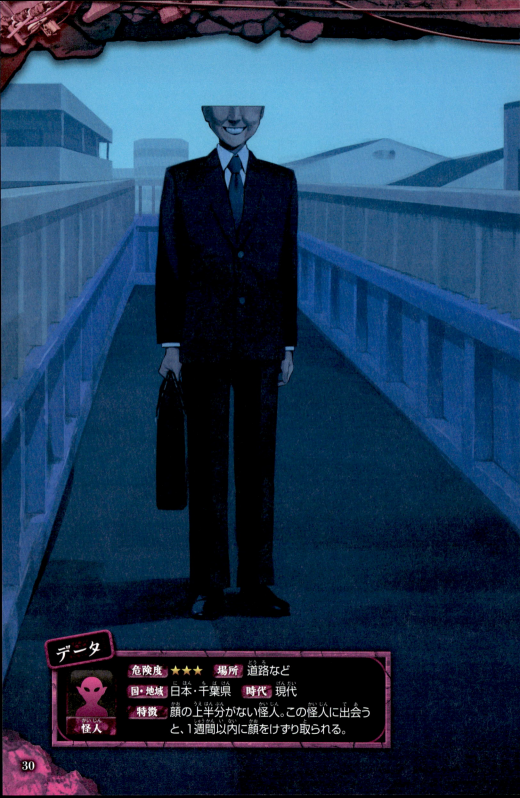

データ

危険度 ★★★　**場所** 道路など
国・地域 日本・千葉県　**時代** 現代
特徴 顔の上半分がない怪人。この怪人に出会うと、1週間以内に顔をけずり取られる。

一章

顔が半分ない人

顔をけずり取る呪いをかける怪人

　千葉県にあらわれるという、顔が半分しかない怪人。怪人の顔は鼻のとちゅうから上が完全に消えているため、頭や目がないそうだ。怪人の正体は不明だが、顔半分を失う事故などにあって死んだ人間が化け物になったのかもしれない。

　この怪人は、千葉県のとある場所で、夜ふけに道を歩いているとあらわれ、通行人のうしろから肩をたたいてくるという。このとき、怪人は自分の顔を見たものに呪いをかけ、1週間以内に顔を半分けずり取ってしまうといわれている。この呪いにかかった目撃者は、事故などにまきこまれて顔半分を失うか、怪人につかまり顔半分をうばわれるのだそうだ。一度呪いをかけられたらのがれるすべはないため、決して顔を見ないほうがいいだろう。

調査レポート

　顔にまつわる都市伝説はほかにもある。ある学校の演劇部が練習中、体育館の天井に無数の白い顔があらわれ、その顔の群れがいっせいに落ちてきて部員たちの体にあたって消えたそうだ。

31

ブリッジ女

ブリッジしながら猛スピードで走る怪人

　山道で目撃される怪人の都市伝説。ある山道では、夜に白い車で走っていると女の怪人が出現するという。ブリッジ女は白い服を着ており、山道のわきに立っている。女は白い車を見つけると、関節を逆に曲げたブリッジのようなポーズで追いかけてくる。女の走るスピードはものすごく、車が速度を上げてもにげることはできないそうだ。女はついに車の真横まで追いついてきたが、車に乗っている目撃者を見て「ちがったか！」と言った。そのまま女は消えたという。

　噂によると、女の正体は白い車にひかれて亡くなった女性だという。ブリッジ女は、自分をひいた白い車をずっと探し続けているのだろう。

データ

危険度	★★★	場所	山道
国・地域	日本	時代	現代
特徴	山道にあらわれる女の怪人。白い車が通ると、ブリッジのようなすがたで追ってくる。			

一章

調査レポート

ブリッジ女は、白い車にひかれたときに手足が逆方向に曲がってしまう大きなけがをしたという。亡くなるまで、血まみれになりながら「しろい…くるま…」と言い続けていたそうだ。

データ

危険度	★★★	場所	町など	
国・地域	日本	時代	現代	

怪人

特徴　見た目がチャラい謎の男が、呪文を唱えて地震をしずめたという目撃談がある。

一章

チャラい感じのにーちゃん

謎のパワーをもっているかもしれない男性

インターネットで噂された不思議な青年の都市伝説。目撃者によると、ある日、町のベンチに座って友人を待っていたところ、近くにいたチャラい感じの男性がとつぜん「ヤバイ、ヤバイ」と言い出した。何がヤバイんだろうと思っていると、地面がぐらぐらとゆれて地震が起きた。チャライ男性は、呪文のような言葉を唱えたかと思うとバンッと足で地面をふんだ。するとゆれがおさまったという。

目撃者がおどろいていると、チャライ男性はヘラヘラと笑いながらその場を去っていった。その後、目撃者の友人に地震について話すと「地震なんてなかった」と言われてしまった。地震は本当に起きなかったのか、チャラい感じの男性が何者だったのかは不明のままである。

35

調査レポート

チャライ感じのにーちゃん

にーちゃんが唱えていたなぞの呪文

　目撃者によれば、地震が起きたとき、チャライ感じの男性は呪文のような言葉をとっさに唱えたという。それは「ゆらぐとも よもや抜けじの 要石 鹿島の神のあらんかぎりは」という歌だったそうだ。この歌は江戸時代に流行した地震除けのおまじないの歌で「地面がゆれても、鹿島大明神がいるから要石はぬけないだろう」といった意味。昔、地震は地面にいる大なまずのしわざで、鹿島神宮の神様が要石（なまずの頭をおさえる力をもつ石）をすえて防いでいる、と考えられていたという。この歌を紙に書いて門に貼ると地震があっても助かるといわれていた。

現在も鹿島神宮にある要石。

ヒーロー系怪人の都市伝説

チャラい感じのにーちゃんのように、一般人がピンチのときにあらわれ、助けてくれる怪人はほかにもいる。ちまたで噂のヒーロー系怪人を紹介する。

✓ 寺生まれのTさん

だれかがピンチのときにあらわれる、寺生まれのナイスガイ。「破ぁ！」という言葉とともに青白い光の玉を発して、悪霊や化け物などを一瞬で撃退してくれるという。Tさんというイニシャルで呼ばれていることと、やたら強い父親がいるということ以外は謎に包まれている。

✓ 時空のおっさん

異世界にまよいこんだ人間を助けてくれる怪人。作業着かスーツを着た中年の男性の見た目をしている。異世界にまよいこんだ人を見つけたら声をかけ、ポケットの中にある何かをいじったり、携帯電話でどこかに連絡をしたりして、もとの世界へもどしてくれるという。

✓ 神社生まれのJさん

インターネットで噂されている怪人。セーラー服の上に千早（巫女が着る衣装）を羽織った、ポニーテールの女性のすがたをしている。神社で生まれた巫女だといわれている。だれかがピンチになると、Jさんはどこからともなくあらわれ、弓を手に持ち「破ぁ！」という言葉とともに青白い光の矢を放ち、悪霊や怪物などを退治してくれるという。寺生まれのTさんの妹弟子という噂もある、謎に満ちた女性だ。

Jさんは弓矢で除霊などをおこなうという。

データ

現象

危険度	★☆☆	場所	どこでも
国・地域	日本	時代	現代

特徴　霊感をもっているかを調べるテスト。頭の中で家の中をイメージすることでわかる。

一章

調査レポート

この方法は自分に霊感があるかどうかを試すのではなく、自分の家に幽霊がいるかを確認するテストだとする説もある。ろうかでだれかとすれちがった場合は、その家には幽霊がいるということだ。

霊感テスト

自分に霊感があるかをたしかめる方法

自分に霊感があるかをたしかめる方法。「霊感テスト」や「霊感占い」と呼ばれる方法で、どこでもおこなうことが可能だ。まず静かな場所で目を閉じる。頭の中に自分の家の玄関のドアを思い浮かべ、ドアを開けて家の中に入る。窓をすべて開けて玄関にもどり、今度は逆の順番ですべての窓を閉めていく。この一連の動作を頭の中でイメージする間、家

のろうかで何者かとすれちがうことがあれば、その人は霊感が強い人なのだという。

似た方法に「想像力ゲーム」というものもある。このゲームでは、頭の中で家をすみずみまで歩く様子をイメージする。このとき家の中で出会った人が知った人ならその人は近いうちに死ぬ、知らない人やすでに死んでいる人なら幽霊だという。

39

体の中でふえるフジツボ

けがをしたところからフジツボが…

海辺の岩場でよく見かけるフジツボにまつわる都市伝説。フジツボとは、岩などにはりついている貝のようなからだをもった生物だ。このフジツボが人間の体の中でふえるというおそろしい噂がある。

昔、ある人が海に遊びにきていた。そのとき岩にぶつかって足をけがしてしまったという。すぐに病院へ行き、足の傷は無事になおったが、きれいになった皮ふの下にゴツゴツとした手ざわりがあった。足がはれてきて痛みもあったため、病院に行ってレントゲンを撮ってもらったところ、けがをした足の骨に無数のフジツボがはりついていたという。その後、その人がどうなってしまったのかはわかっていない…。

調査レポート

この都市伝説が本当かは不明だが、岩場にはりついたフジツボを不気味に思った人が生み出した噂なのかもしれない。傷が原因でなんらかの病気になることはあるので、けがをしたらすぐ病院に行こう。

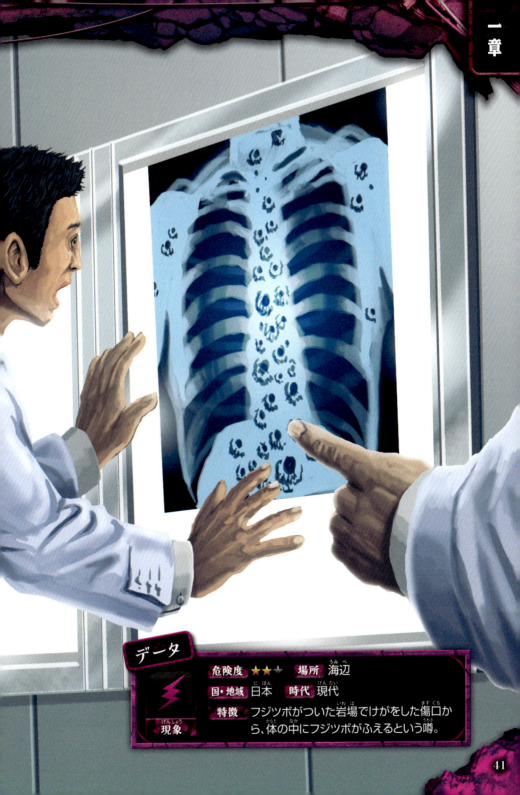

一章

データ		
危険度 ★★☆	場所	海辺
国・地域 日本	時代	現代
特徴	フジツボがついた岩場でけがをした傷口から、体の中にフジツボがふえるという噂。	

現象

飛脚のふんどし

赤いふんどしにさわると幸せになれる!?

　とある宅配会社のトラックにまつわる都市伝説。この宅配会社のトラックに描かれている飛脚の赤いふんどしにさわると幸せになれる、という噂が流れ、さわろうとする人が多かったという。

　この都市伝説は1990年代はじめのころ、女子高生を中心に噂が広まり、人気になった。噂はしだいにエスカレートし、「速く走るトラックの赤いふんどしにさわるほど幸運になれる」という危険なものまであっ

一章

データ

危険度	★★★	場所	町など
国・地域	日本	時代	現代
特徴	宅配会社のトラックに描かれた、飛脚の絵のふんどしにふれるとラッキーとされる。		

現象

たという。
　なぜこのような噂が生まれたのか、理由はよくわかっていない。現在はトラックのデザインが変わっているため、赤いふんどしを見ることは難しくなっている。

調査レポート

当時、噂に関する問い合わせに対して、宅配会社は「こんきょはありません」と答えていた。ちなみに「飛脚」とは、手紙を配達する人のこと。江戸時代に活躍していた。

白い高級車

乗ると首を切られて死ぬ呪われた車

　持ち主はかならず首を切られて死ぬという、呪われた白い高級車にまつわる都市伝説。

　群馬県の国道沿いにある中古車販売店には、数万円というあり得ないほど安い値段で売られている白い高級車があるという。ところが、この車を買った人は、必ず運転中に事故にあい、首を切断されて死んでしまうそうだ。そのため車は店にもどってきて、ふたたび安い値段で売られているといわれている。

　一説によると、この白い高級車はもともととある青年のものだった。ところが、ふざけて乗っていたら道路標識にぶつかり、首を切断されて死んでしまったという。

　現在、白い高級車のゆくえはわかっていない。今も群馬県のどこかで売られているのかもしれない。

調査レポート

呪われた車にまつわる話はアメリカにもある。ある有名俳優が車を購入したところ、事故を起こして亡くなり、車は大破。その部品を買い取った人たちも次々とけがをしたり事故死したりしたそうだ。

データ

危険度	★★★	場所	中古車販売店
国・地域	日本・群馬県	時代	現代
特徴	呪われた白いボディの高級車。持ち主は首を切られる事故にあい、死んでしまう。		

現象

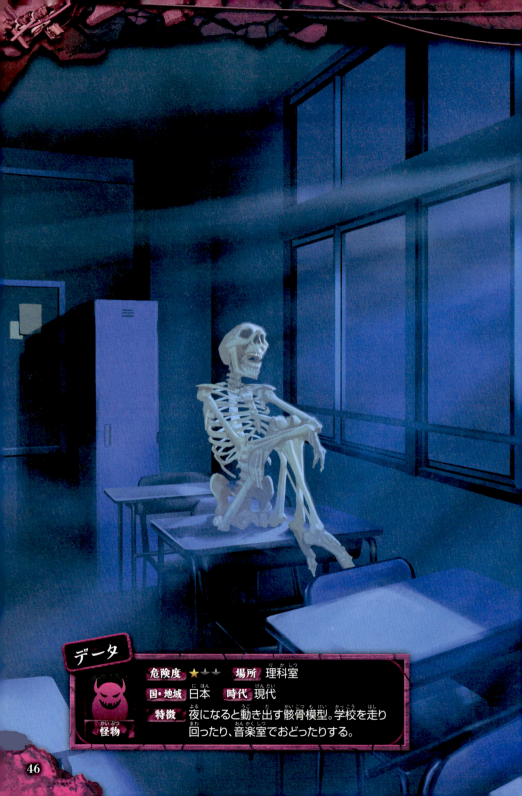

データ

危険度 ★☆☆ **場所** 理科室
国・地域 日本 **時代** 現代
特徴 夜になると動き出す骸骨模型。学校を走り回ったり、音楽室でおどったりする。

怪物

骸骨模型の怪

夜になると模型が動き出す理科室の怪異

学校の理科室にある骸骨模型にまつわる都市伝説。昔から全国各地で噂されている有名な学校の怪談のひとつで、夜になると理科室に置かれている骸骨模型が動き出すというもの。骸骨模型は人がいない真夜中になると「たすけて〜！」と大声をあげたり、学校中を走り回ったり、音楽室に行ってピアノの音に合わせてダンスをしたりするという。いっしょにおどると親友になれるともいわれている。

一方で、子どもに「遊ぼうよ」と声をかけてくるが、いっしょに遊ぶとその子どもも骸骨模型にされてしまうというこわい噂もある。また、動く骸骨模型には本物の人間の骨が使われている場合があったという。その場合、生きている人間を見つけると入れかわろうとしてくるらしい。

骸骨模型の怪

全国で噂される骸骨模型の怪

骸骨模型の噂は全国にある。北海道の学校にある骸骨模型は人間の本物の骨が使われているらしく、先生たちのアキレス腱をけがさせるという。骸骨模型がなぜ先生たちのアキレス腱をねらうのかは不明である。

滋賀県の学校にある骸骨模型は、昔交通事故で亡くなった少年の骨だといわれていて、夕方5時になると理科室を通りかかった人の体に乗り移って遊ぶという。

ほかにも、神奈川県では、理科室で骸骨模型がニワトリを食べていたという話、東京都では、真夜中に学校のろうかを走ると骸骨模型が追いかけてくるという話もある。

骸骨模型の噂は、ほのぼのとした話や怖い話などさまざまだ。

骸骨にまつわる都市伝説

骸骨は、人間のなれのはてのすがたた。だからこそ死んだ人間を呼びよせ、怪異を引き起こしやすいのかもしれない。骸骨にまつわる都市伝説を紹介する。

✓ 骸骨坊主

江戸時代に伝わる骸骨にまつわる話。とある家で、全身の骸骨が見つかった。その骸骨は元坊主だったようで、寺の下女に乗り移り「法事(死者を供養するための行事)をおこなってほしい」と言うので、そのとおりにしたら、坊主の霊は礼を述べて無事に成仏したそうだ。

✓ 骸骨ライダー

埼玉県にあらわれたという骸骨のライダー。黒いスーツに黒いヘルメットをかぶり、黒いバイクにまたがってあらわれるという。埼玉県の山間部の道を走っているときに目撃された。人間に悪さをするわけではないが、もし出会ってしまったら、おどろいて事故を起こしかねない。

✓ 骸骨少女

学校の理科室にあらわれた、骸骨模型に乗り移った少女の幽霊。ある生徒が理科室で実験のあと片づけをしていたら、とつぜん電気が消え、たながゆれて薬品がこぼれた。すると骸骨模型が少女のすがたに変わり「いっしょに来て、私はここよ」と、生徒に手招きをしたという。生徒はおそろしさのあまり気を失ったという。その少女は、かつて理科室で薬品のあつかいを誤って亡くなった女子生徒だったということだ。

理科室は、学校のなかでも怪異が起こりやすい場所のひとつだ。

山のコンビニ

山奥にある1軒の不思議なコンビニ

　ネット上で語られた、人気のない山奥にポツンとあるというコンビニにまつわる不思議な話。

　あるとき、男性2人がドライブ中、山道を走っているうちに道にまよい、地図もカーナビも役に立たない状態になってしまった。夜になり、不安でいっぱいになったころ、2人はぐうぜんコンビニを見つけた。コ

ンビニの前にはほかの車や自転車が数台停まっていた。

　2人は店の人に道を聞き、なんとか町までたどり着くことができた。しかしあとで地図を確認したところ、そんな場所にコンビニはなく、それどころか店がひとつも存在しなかったという。山のコンビニは、本当に実在していたのだろうか。

調査レポート

　コンビニの付近は山道で、村などはないはずなのに、なぜ自転車が数台停まっていたのか。ひょっとしたら山に住む異形のものたちが通うコンビニに、うっかりまよいこんでしまったのかもしれない。

一章

データ

危険度 ★☆☆	場所 山
国・地域 日本	時代 現代
特徴	道に迷った山で見つけたコンビニ。あとで調べるとどの地図にも存在していない。

現象

謎のアップデート

子ども向けアプリに謎の建物が追加された

とある子ども向けのアプリにまつわる都市伝説。このアプリは、女の子向けの着せ替えゲームで、プレイヤーの女の子を操作して、ショッピングストリートのお店で服をゲットして着せ替えを楽しむというもの。

ところがある日、アプリをアップデートしたところ、とつぜん不気味な建物があらわれたという。町のお店のひとつが、はげしい炎で燃えており、しかも舞い上がる黒い煙のなかに不気味なドクロが浮かび上がっているという。プレイヤーはこの店に入ることはできないが、店の前を通りすぎることはできる。店の前を通っても、特に何も起こらないという。なぜ火事で焼けたお店がとつぜんあらわれたのか、真相は謎だ。

調査レポート

この奇妙な建物は、2014年にとつぜんアプリにあらわれたものだという。炎に包まれたお店は、今もゲームをプレイすると見ることができるといわれている。

超足が速い人

時速1000kmでかけぬける怪人

とんでもない速さで走るという怪人の都市伝説。北海道で目撃されており、高速道路にあらわれるという。怪人が走るスピードは時速1000kmだといわれている。国内でもっとも速い新幹線の最高時速が約320kmといわれているので、それと比べるだけでもこの怪人のスピードの異常さがわかる。名前のとおり、足が速いのが最大の特徴だが、それ以外の情報はほぼない。見た目もおそらく人型だということしかわかっていない。あまりに速すぎるため、目撃してもすがたがはっきり見えないのかもしれない。

高速道路にはありえないスピードで走る怪人が目撃されることが多いが、その中でもとびぬけた速さをほこる怪人だといえるだろう。

データ

怪人

危険度	★★★	場所	高速道路
国・地域	日本・北海道	時代	現代
特徴	高速道路をありえないスピードで走る怪人。速すぎるためかくわしい情報が少ない。			

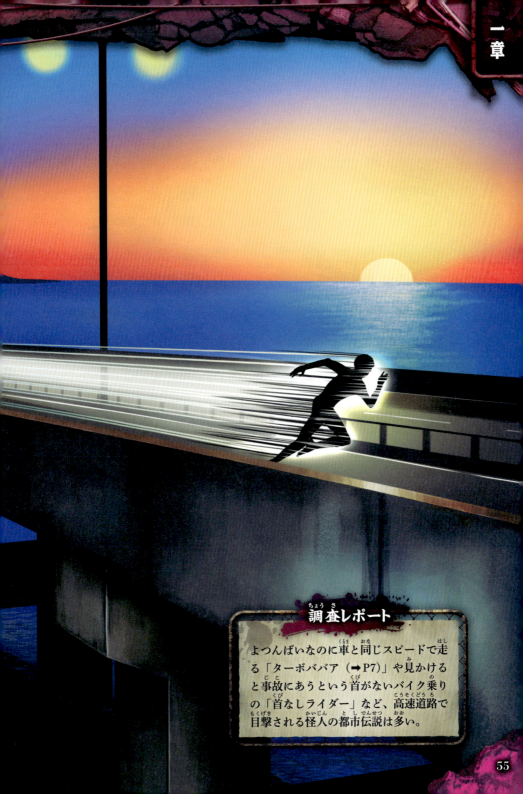

一章

調査レポート

よつんばいなのに車と同じスピードで走る「ターボババア（→P7）」や見かけると事故にあうという首がないバイク乗りの「首なしライダー」など、高速道路で目撃される怪人の都市伝説は多い。

試験官に問いかける不気味な学生

　テストにまつわる都市伝説。ある学校の入学試験で、試験時間が終了したあとも、延々と答案用紙をうめ続けている学生がいた。試験官が注意しても聞かなかったので、とうとう「失格」を言いわたした。ところが学生はまったくあわてず、試験官を見て「ところであなたは、ぼくのことを知っていますか？」と聞いた。試験官はおこって「お前なんか知るものか！」と答えたところ、学生は「ならば」と言って、ほかの答案用紙の中に自分のものをまぎれこませて立ち去っていった。

　試験官は学生のことを知らないため、たくさんの答案用紙の中から学生のものを見つけることはできない。それに、学生の名前を知らないから、たとえ学生が入学してきてもわからないだろう。

私はだれでしょう？

調査レポート

　試験にまつわる都市伝説はほかにもある。問題が難しすぎてやけになった学生が、カレーライスの作り方を書いたら試験に合格した。だが、別の学生はジャガイモを書き忘れ不合格だったというもの。

一章

パジャマを着た子ども

カードゲームで遊ぶ？
黄色いパジャマの幽霊

　夜中に人気のない道を歩いているとあらわれるという、黄色いパジャマを着た子どもの幽霊。この幽霊に遭遇した人の荷物には、いつの間にか1枚のカードゲームがまぎれこんでいるという。

　目撃者によると、ある夜、飲み会の帰り道にうす暗い路地を1人で歩いていた。すると、黄色いパジャマを着た子どもの幽霊が目の前にあらわれ、へいの中に吸いこまれるように消えていった。目撃者はあわててその場をはなれてタクシーに乗ったが、タクシーから降りるとき、座っていた席に見覚えのないカードが落ちていたそうだ。運転手によれば、目撃者を乗せるまで座席には何もなかったという。この謎のカードは幽霊のものなのだろうか。目撃者がその後、どうなったかは不明である。

調査レポート

　この見知らぬカードが子どもの幽霊のものだとすると、幽霊はなぜ目撃者の持ち物にカードをしのばせたのだろうか。ひょっとしたら、目撃者の後ろにぴたりと幽霊がついているのかもしれない。

鬼宇宙人説

東北地方に住む鬼は宇宙人だった!?

鬼といえば、人をとって食べるとして、古くからおそれられきた存在だ。そのすがたは、赤色や青色の体でツノをもち、人間よりも大きいとされる。鬼の伝説は日本各地にあるが、東北地方に住む鬼は、じつは地球に住み着いた宇宙人だったのではないかとする説がある。

遠い昔、宇宙船がこわれて、東北地方に不時着した宇宙人がいた。宇宙人はしかたなくそこに住み着いたが、見た目が人間ばなれしていたため、人間はこわがり「鬼」と呼んでおそれたのではないかというのだ。

じつは東北地方には、人々から神様とあがめられた宇宙人が存在していたとする説など、宇宙人にまつわる伝説が存在する。鬼宇宙人説にたしかな証拠はないものの、鬼の正体が宇宙人だった可能性はあるだろう。

調査レポート

鬼と呼ばれた宇宙人がナマハゲになったという噂もある。ナマハゲは、なまけもののところに来て、ナモミ（なまけものの足にできる赤いもよう）をはがしにやってくる東北地方を代表する鬼だ。

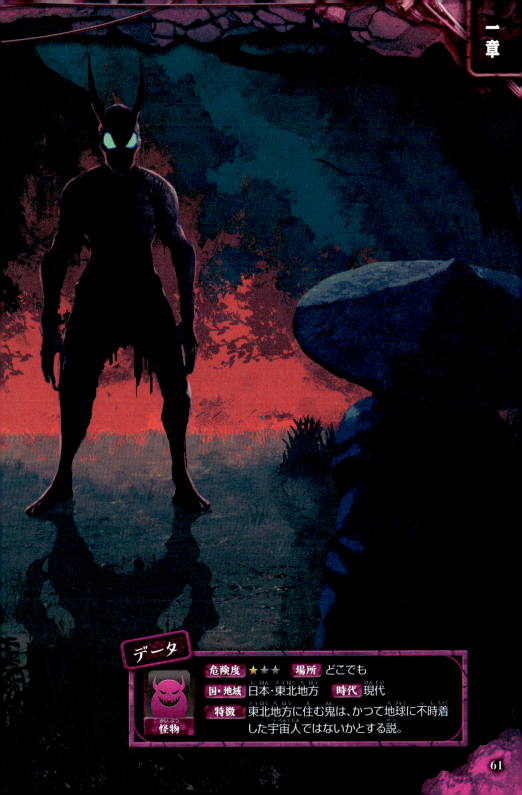

一章

データ

危険度	★★★	場所	どこでも
国・地域	日本・東北地方	時代	現代

特徴　東北地方に住む鬼は、かつて地球に不時着した宇宙人ではないかとする説。

怪物

データ

危険度 ★★★	場所	ライブ会場
国・地域 日本	時代	現代
特徴	ライブ会場で撮ったのに学校の教室と死んだクラスメイトの足が写った心霊写真。	

現象

ライブ会場の写真

死者のくつが写るライブハウス

音楽ライブ会場にまつわる都市伝説。あるとき、DJブース（音楽を流す人がいるスペース）がある小さなライブ会場で、音楽イベントがあった。せまい会場にたくさんの人がいて、目撃者は2階席から全体を見ていた。仲間の1人がDJブースとその前にある客席の写真を撮ったが、その日は特におかしなことはなかったという。

その後、ライブのときの写真をみんなで見ることになった。すると、DJブースの前の客席があるはずの空間に、学校の教室のように机がず

一章

らっとならんでいたのだ。教室にはだれかの足元というか、くつが写っており、その子のくつには撮影者が小学生のときに死んだはずのクラスメイトの名前が書かれていた。なぜライブ会場の写真に教室やくつが写っていたのかは謎だ。

学校の怪談と都市伝説

なぜ学校にはこわい噂が多いのか？

　学校を舞台とする都市伝説は、昔からとても多い。特に有名な都市伝説は「学校の怪談」や「学校の七不思議」と呼ばれて広く知られている。1990年代には一大ブームとなって、全国の子どもたちが学校で起きるこわい話に夢中になったという。
　有名な学校の怪談といえば「トイレの花子さん（➡P5）」だろう。女子トイレにあらわれる少女のすがたをした怪談だ。男子トイレには「太郎くん（➡P150）」もいる。夜の理科室では「骸骨模型（➡P46）」や「人体模型」が動き出し、勝手にピアノが鳴る音楽室の「ピアノの怪」、図工室の「青いもの（➡P128）」、夜の校庭を走りまわる「二宮金次郎の像」など、あらゆる場所でこわい噂が生まれている。
　学校の中でも教室ではなくトイレや理科室、音楽室などの特別教室の怪談が多い。いつも過ごしている教室よりも、たまにしか行かない空間のほうが、何が起きるかわからないという想像力をかきたて、怪異を生んでしまうのだろうか。また、学校の怪人たちは昼よりも放課後から夜の学校にあらわれることが多い。昼間は明るくにぎやかな学校が、薄暗く静かになることが、怪異がひそんでいるかもしれないと思わせるのかもしれない。

音楽室にあるベートーベンの絵が、夜になると目が光るという学校の怪談もある。

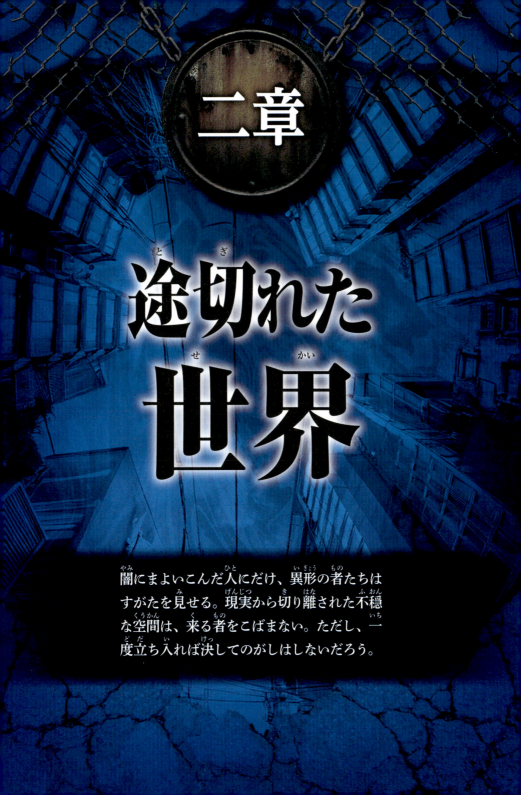

二章

途切れた世界

闇にまよいこんだ人にだけ、異形の者たちはすがたを見せる。現実から切り離された不穏な空間は、来る者をこばまない。ただし、一度立ち入れば決してのがしはしないだろう。

スケボーババア

飲酒運転を許さないおばあさんの怪人

　スケートボードを華麗にあやつって登場する、謎のおばあさんの都市伝説。そのおばあさんは「スケボーババア」と呼ばれており、お酒を飲んだのに車を運転している人を見つけると追いかけてくる怪人だ。スケボーババアのスケボーテクニックはすごいらしく、猛スピードで車を追いかけてくるそうだ。飲酒運転する車に追いつくと、運転手の魂をうばっていくという。

　じつは、スケボーババアは飲酒運転をする車にひかれて亡くなったという悲しい過去をもつのだという。そのせいで飲酒運転をする人を見つけては魂をとるようになったのだろう。ちなみになぜスケボーに乗ってあらわれるのかは不明だという。

> **調査レポート**
> 都市伝説にはおばあさんの怪人の噂が多い。死んだはずなのに出てきていきなり歌い出す「ヒップホップババア」や、4がつく日時に学校のトイレにあらわれて子どもを連れ去る「四時ババア」などだ。

データ

怪人

危険度	★★★
場所	高速道路
国・地域	日本
時代	現代
特徴	スケボーで高速道路にあらわれるおばあさんの怪人。飲酒運転する人の魂をうばう。

深夜のはりきりボーイ

夜の坂道を上る子どものような怪人

インターネットで噂になった、謎の人物にまつわる都市伝説。

夜中に坂道を上る人物で、身長は子どもくらいだが見た目は大人だという。1歩が大きく、とても早足で歩いている。ただし進むスピードはゆっくりにも感じられ、宙に浮いているようにも見えるそうだ。どこか人間じゃないようにも思えて、とても変な感じがするらしい。

その人は、左の家に入ったら次は右の家と、坂道にある家に入っては出ることをくり返していた。しかも、門が閉じていてもそのまま通りぬけてスーッと入っていく。目撃者は近くの家のベランダから見ていたが、謎の人物は坂を上り終えると消えてしまった。目撃者が見たのは上っていく後ろすがただったが、自分のほうへ向かってこなくてよかったと語っていたという。

調査レポート

夜の道を歩きまわる小さな怪人の目撃談はほかにもある。身長は10歳の子どもくらい、頭が巨大で黒くて大きな目の怪人だ。怪人は目撃者と目が合うとニヤニヤ笑いながら走って向かってくるという。

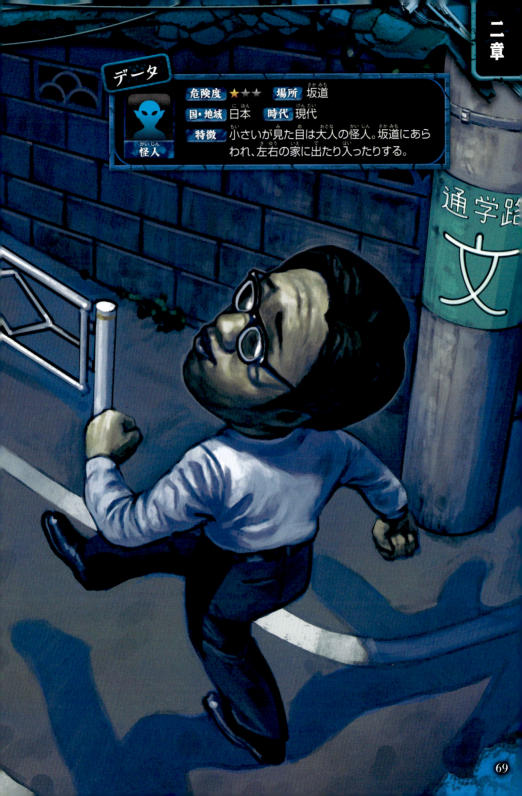

笑い女

頭にこびりついてはなれない笑い声

　永遠に笑い続けて、相手を死にいたらしめてしまう不気味な笑い女にまつわる都市伝説。

　笑い女は見た目はふつうの女性だが、歯が1本もなく、いつも口を開けて「いひゃっ、いひゃっ、いひゃっ」と笑っている。口元は笑っているが、目は決して笑っていないという。スーパーで買い物をしているすがたを見かけることもあるそうだ。

　見るだけなら問題はないが、もし笑い女に危害を加えてしまうと、そ

二章

データ

怪人

危険度	★★	場所	町
国・地域	日本	時代	現代

特徴　歯が1本もなく、いつも口を開けて不気味に笑っている女性のすがたをした怪人。

の笑い声がずっと耳からはなれなくなり、死んでしまうそうだ。
　一説によると、笑い女の笑い声は、じつは「いたっ、いたっ」と言っているのだが、歯がないために「いひゃっ、いひゃっ」と聞こえるといわれている。

調査レポート

声で人に呪いをかける話として、古くは海の怪物セイレーンの伝説が有名だ。上半身が女性、下半身が鳥または魚のすがたで、美しい歌声で船に乗っている人をおびきよせ、食べてしまうという。

データ

危険度	★☆☆	場所	どこでも
国・地域	日本	時代	現代

怪人

特徴　一瞬で別の場所に移動する力をもった少年。ただし能力のコントロールはできない。

二章

テレポートするTくん

瞬間移動する能力をもつ友人

　テレポートするTくんにまつわる都市伝説。「テレポート」とは、人や物体が一瞬で離れた場所に移動することで、この能力を「テレポーテーション（瞬間移動）」という。間に障害物があっても関係なく、ふつうの距離や移動の考え方ではあり得ない超常現象の一種だ。

　Tくんは一見、ふつうの中学生だが、テレポートができた。ジークンドー（武道家のブルース・リーが開発した武術）の使い手で、完全に気配を消せたそうだ。また、異常に体がやわらかかったという。

　じつは、なぜテレポートできるのか、Tくん自身もよくわかっていなかったそうだ。はじめは周囲もTくんのテレポート能力に驚いていたが、あまりに何度も起きるので、そのうち気にしなくなったという。

73

調査レポート

テレポートするTくん

なぜテレポート能力をもっていたのか？

目撃者の友人によれば、Tくんが3回、テレポートをするところを目の当たりにしたという。
最初は下校のとき、並んで歩いていたTくんがとつぜん消えて校舎に入っていった。2回目は自転車で走っていたとき、Tくんが先に下っていったはずなのに、とつぜん後ろからあらわれた。3回目は修学旅行のとき、Tくんが寝ていたら急に空中に移動し、布団に落ちてきた。
Tくん自身はこの力を制御できず、勝手に発動してしまうらしい。だが、Tくんが大人になるにつれ、勝手にテレポートする回数は減ったということだ。

武術の修行がTくんの能力を開花させたのだろうか？

二章

世界中で起きているテレポート事件

　Tくんのようにテレポートする人間の話は、じつは世界中にある。たとえば1967年、イギリスの7歳の女の子が、服を着替えようとタンスを開けた。すると、女の子はタンスに吸いこまれるように消え、何百キロも離れたカナダにある古いビルの一室にテレポートしたという。女の子は無意識のうちにテレポーテーション能力を発動させたのだろうか。

　この能力は、サイコキネシス（心に念じるだけで物を動かす力）という一種の能力といわれている。なぜ時間や空間の法則を無視して一瞬で移動することができるのか、現在の科学では説明することができない。

いつもの洋服ダンスを開けたら、別の国へ瞬間移動してしまった。

イニシャルが同じ怪人がいる

　Tくんと同じイニシャルで、「寺生まれのTさん」という怪人がいる。Tさんは「破ぁ！」というひと言で悪霊を退散させてしまうすごい能力の持ち主だ。だれかが悪霊などにおそわれてピンチなときに、どこからともなくあらわれて助けてくれるという。八尺様（→P8）などの有名な怪人とも戦ったという噂もある。そんなTさんの実家はお寺だといわれている。

　テレポートするTくんの実家が寺かどうかは不明だが、Tさんとイニシャルが同じなのは、単なる偶然なのだろうか。

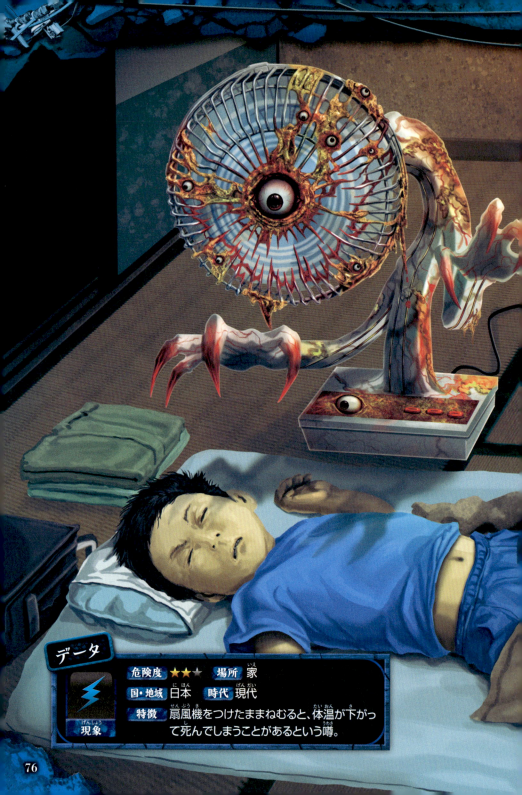

町・住宅街

八尺様（はっしゃくさま）

身長が240cmほどもあるとされる怪人。帽子をかぶっており、「ぼぼぼぼぼ」といった不気味な笑い声をあげるという。八尺様に気に入られてしまうと数日以内に死んでしまう。

注射男（ちゅうしゃおとこ）

全身包帯をまいて、町をさまよう怪人。電信柱のかげにかくれて子どもをまちぶせし、「今、何時？」と時間を聞いてくる。そうやって油断させた子どもの腕に注射をして、去っていくという。

田んぼ

くねくね

全国各地の田んぼにあらわれる。まっ白い体をくねくねとくねらせながら動き、遠くから見るだけなら問題ないが、間近で見てしまうと、頭がおかしくなってしまうといわれている。

二章

扇風機をつけたままねると死ぬ

原因不明のおそろしい噂

　古くから信じられている扇風機にまつわる都市伝説。夜に、扇風機をつけたままねむってしまうと死んでしまうという。死んでしまう原因として、息ができなくなる、長時間風にあたっているうちに体温が下がりすぎてしまうなどがある。原因についてはさまざまな説があるが、本当に扇風機のせいで死んでしまったという、はっきりした証拠はないようだ。

　あいまいな点が多いにもかかわらず、扇風機という身近なものにまつわる話だったせいか、この都市伝説はいつの間にか人々の間で信じられるようになったという。ただし、いつ、どこで生まれた噂なのかはよくわかっていない。

調査レポート

　家電の都市伝説では「もういいよ」が有名だ。捨てられていた冷蔵庫の中に入った子どもが出られなくなったという怪談で、昔は外からロックする冷蔵庫があったので生まれた噂だといわれている。

77

応挙の幽霊

絵の中から出てきた女の幽霊

絵に描かれた幽霊にまつわる都市伝説。昔、ある古道具屋が、女の幽霊が描かれたかけじくを安く手に入れた。幽霊画で有名な絵師の円山応挙が描いたとウソをついて売ったところ、高く買ってくれる人があらわれた。

高く売れることになったことを喜んだ古道具屋は、幽霊画に酒をあげた。すると、かけじくに描かれていた女の幽霊が絵の中から抜け出てきた。女は、いつもはこわがられて箱にしまわれてばかりなので、酒をそなえてくれたことがうれしかったそうだ。しかも、女の幽霊は自分は本当に応挙が描いた絵だと教えてくれた。本物ならもっと高く売ればよかったと古道具屋は後悔したものの、2人は酒を飲んで楽しんだ。女の幽霊は、絵の中にもどってねてしまう。次の日、古道具屋は手ぶらで買い手のもとへ行き、「かけじくは、もう少しねかせておきたい」といい、売るのを断ったという。

調査レポート

「応挙の幽霊」という名前の落語として有名な怪談である。小道具屋がかけじくを売らなかったのは、女の幽霊を心配したとも、本物の応挙の幽霊画を手放したくなくなったからともいわれている。

二章

データ

危険度	★★★	場所	絵の中
霊魂		国・地域	日本
		時代	江戸時代～現代
特徴	幽霊画の中から出てくる女の幽霊。持ち主と酒を飲んで楽しみ、絵の中でねてしまう。		

ボス猫

ボス猫に頼むと飼い猫がもどってくる?

猫にまつわる都市伝説。飼い猫が脱走したとき、近所のボス猫に頭を下げて居場所を聞いたら、飼い猫を連れもどしてくれるという。この話は、2024年5月にSNSに投稿されると話題になり、「ボス猫に助けられた」という声が多数寄せられた。

ある体験談では、飼い猫がいなくなったとき、いつもバイクの上でねている猫に「うちの子猫を見ませんでしたか」とたずねた。するとその猫はバイクから降りて歩き出した。投稿者がついていくと、その猫が向かった先で、飼い猫を見つけたという。投稿者は後日、バイクでねている猫にお礼を言ったという。

人間が知らないだけで、じつは猫は人語を理解しており、ボス猫を中心に、地域の猫同士で完璧なネットワークを築いているのかもしれない。

調査レポート

ほかの体験談では、飼い猫が5日間ゆくえ不明になってしまい、近所の猫に「帰ってくるように」と伝言を頼んだところ、飼い猫はけがを負いながらも、その日のうちに帰ってきたという。

調査レポート

少年は、頭を失ったまま死んでしまった。
自分の頭をあの世に持って行き忘れてし
まったため、死んだ少年は忘れもの帳に
書き残したのだろうか。少年の頭は今も
見つかっていないという。

やすれものちょう

ぼくのあたま

やすれものちょう

きのうの記ろく

たいそうぎ

二章

忘れもの帳

不気味な忘れものが書かれたノート

　忘れもの帳というノートにまつわる都市伝説。ある小学校に、忘れものばかりする小学2年生の少年がいた。そこで母親は忘れたものを書く「忘れもの帳」というノートを少年に持たせた。忘れもの帳を書くようになってから、少年は少しずつ忘れものをしなくなったという。
　ところがある朝、少年は登校中に忘れものをしたことに気づき、あわてて家に引き返す途中、踏切の事故で亡くなってしまった。発見された少年の体には、頭部がなかったという。数日後、母親が少年のランドセルの中にあった忘れもの帳を開いた。すると、少年の字で最後のページに「わすれもの、ぼくのあたま」と書かれていたという。

データ

現象

危険度	★★★	場所	家など
国・地域	日本	時代	現代
特徴	踏切の事故で亡くなった少年のノート。「ぼくのあたま」と書かれていた。			

データ

危険度	★★★	場所	東京タワー
国・地域	日本・東京都	時代	現代

特徴　東京タワーで見かける、非常階段を歩く着物すがたの女性の霊などの心霊現象。

霊魂

二章

さまざまな霊が集まる
東京のシンボル

東京タワー

東京の中心に存在する総合電波塔、東京タワーにまつわる都市伝説。

東京タワーには「写真を撮ると霊が写る」「非常階段を着物の女性が歩いている」「鉄脚（東京タワーの足部分）で着物すがたの女の子が遊んでいる」などのような、幽霊の目撃談や怪奇現象があとをたたない。

じつは、東京タワーはもともと幽霊が集まりやすい場所にあるという。東京タワーの横に増上寺という寺があるが、この寺は400年以上も昔に江戸の町が作られたとき、鬼や悪霊が侵入する方角（裏鬼門と呼ぶ）を封じるために建てられた結界の一部だという。東京タワーがある方角はまさに裏鬼門にあたるのだ。

加えて、東京タワーはそもそも電波塔であり強力な電波を発していたので、この電波にひかれた霊たちが集まってくるのかもしれない。

調査レポート

東京タワー

かつて墓地だった地に建てられた

　東京タワーは4本の足（鉄脚）によって支えられているが、じつはその1本が建っている場所は、もともと増上寺の敷地だったという。東京タワーの足を作るときに、増上寺のお墓の一部をつぶして移動させ、その上に足を建てたそうだ。そのため、現在の増上寺の墓地は、不自然な形になっている。

　増上寺は、江戸時代に「裏鬼門（鬼や悪霊が侵入する方角）」から江戸を守るために建てられたという。その敷地をけずって東京タワーを建てたことによって、ひょっとしたら、裏鬼門の結界が弱まりつつあるのかもしれない。

東京タワーは、墓をつぶし、結界をけずって建てられたという。

東京タワーの鉄骨

　東京のシンボルでありながら、東京タワーには数々の心霊現象や都市伝説が噂されている。
　たとえば「東京タワーの展望台で写真を撮影すると霊が写る」という噂もよく知られている。
　じつは東京タワーの展望台よりも上の鉄骨部分には、戦争で使用されたアメリカ軍の戦車が何台も溶かされて、使われているという噂があるという。東京タワーに心霊現象が多いのは、兵器の一部が用いられることで、戦死者の無念が鉄骨に宿り、霊となってあらわれているからだろうか。

東京タワーの鉄骨には、死者の霊がとりついている？

東京タワーの蝋人形館

　かつて東京タワーの本館3階には、蝋で作られた人形が展示されている「蝋人形館」があった。ここは当時、心霊スポットとして知られていたという。
　蝋人形館には、歴史上の人物や、物語のシーンを再現したジオラマなどが展示されていた。だが、館内はうす暗く、まるで生きているようにリアルな蝋人形たちは、どこか不気味な雰囲気だったという。噂によれば、閉館時間になると、ヒタヒタという足音や、不気味なざわめきが聞こえる、蝋人形から生きている気配を感じる、といった声が相次いだそうだ。

インポッシブル・

絶対に取れない!? 謎のコイン

とある人気ゲームにまつわる都市伝説。このゲームは1996年に登場した3Dアクションゲームで、主人公を動かして、コインやパワーアップアイテムを集めながら、さまざまなステージをクリアしていく。

噂によると、あるステージでは、全部で192枚のコインを取れるはずなのだが、実際には191枚までしか取れないという。残りの1枚は岩の内側に埋まっているように見えるコインで、通常のアクションでは絶

二章

データ

現象

危険度	★★★	場所	ゲームの中
国・地域	日本	時代	現代
特徴	とある人気ゲームのバグから生まれた、取れるはずのないコイン。		

コイン

対に取れないそうだ。のちに、このコインはゲームのバグ（プログラムのミス）であることがわかったが、ゲームファンの間では「インポッシブル・コイン（不可能なコイン）」と呼ばれ、挑戦者があとをたたなかったそうだ。

調査レポート

このゲームが発売されてから18年後の2014年、とあるプレイヤーが、ゲームのバグを利用して主人公を動かし、ついにインポッシブル・コインを取ることに成功。ゲームファンは祝福したそうだ。

89

行きつけのゲー

閉店後にあらわれる謎の黒い影

　ゲームセンターにあらわれる奇妙な影の怪物にまつわる都市伝説。
　ある大学生は、毎日、行きつけのゲームセンターに通っていた。そのゲームセンターの店長は、夜の10時になると、まだ客がいても必ず追い出し、シャッターを下ろして店を閉めていた。
　不思議に思った大学生は、ある日、閉店時間を過ぎてもしばらくの間、ゲームを続けていた。ふと視線を感じた大学生は、ガラス戸のほうを見ると、ガラス戸に張りついた影のようなものを目撃した。影はガラ

二章

データ			
危険度	★☆☆	場所	ゲームセンター
国・地域	日本	時代	現代
特徴	夜の10時をすぎると謎の黒い影があらわれる、行きつけのゲームセンター。		

怪物

ス戸にぴったりと張りついて、大学生のほうをじっと見つめていたという。店長は、「この時間になると奇妙なものがあらわれるから店を閉めるのだ」と大学生に打ち明け、2人は裏口から店を出たということだ。

調査レポート

ガラス戸に張りついた黒い影の正体は謎に包まれている。今のところはガラス戸の向こうからじっと見てくるだけだが、もしガラス戸をやぶって入ってきたら、人間をおそうこともあるかもしれない。

トイレから顔を出す青い顔の怪人

青ぼうず

　小学校のトイレにあらわれる怪人の都市伝説。山形県にある小学校の男子トイレには、夕方になると青い顔をした坊主頭の化け物が出るという。「青ぼうず」と呼ばれるその化け物は、便器の中から半分だけ顔を出し、ギョロリとした大きな目でこちらをにらんでくるそうだ。顔をのぞかせるだけで特に悪さはしてこないらしい。

　一説では、その小学校は昔、悪いことをした人の首をはねる処刑場だった。そのため、首だけの化け物が出るのではないかといわれている。人間をうらんでいるのかもしれない。

　岡山県でも同じ「青ぼうず」という化け物の目撃談がある。こちらは体全体が青色の坊主で、トイレではなく人が住んでいない家にあらわれるそうだ。

データ

怪人

危険度	★★★
場所	トイレ
国・地域	日本・山形県など
時代	現代
特徴	学校のトイレに出る顔だけの怪人。便器の中から顔を出して大きな目でにらんでくる。

二章

調査レポート

似た怪異に体育館の女子トイレにあらわれるという「海坊主」という怪人がいる。水色のかたまりで、そうじ中にあらわれる。水をどれだけ流しても出現し、どんどん大きくなっていくそうだ。

ベースカバーを

一塁ベースを守ろうとする幽霊

とある高校の野球グラウンドにあらわれる、野球をする幽霊にまつわる都市伝説。試合中にこの幽霊があらわれると、決まって一塁側のベースカバー（一塁ベースを守る一塁手がはなれた場所にいるとき、ほかの野手がやってきて、代わりに一塁ベースを守ってくれること）をしようとするという。この幽霊は、一塁手にしか見えないという特徴をもつ。
　あるとき、一塁手が一二塁間ゴロをキャッチして一塁側を向くと、す

二章

データ

危険度	★☆☆	場所	グラウンド
国・地域	日本	時代	現代
特徴	野球グラウンドにあらわれる幽霊。一塁側のベースカバーをしようとする。		

霊魂

する幽霊

でにだれかがベース上に立ち、ボールをキャッチする姿勢をとっていた。そこで一塁手がボールを投げると、その選手はフッと消えてしまった。はたから見たら、一塁手はだれもいない一塁にボールを投げているように見えたという。

調査レポート

このグラウンドで一塁手になった選手は、ボールをとったらゆっくりとひと呼吸して周囲を見て、ベースカバーをしようとする選手が幽霊かどうか、しっかり見極めなければいけないという。

95

うまく描けると反応する女の幽霊

　ある実験室にあらわれる幽霊の都市伝説。すがたは見えないが、ラジオの音量にイタズラをする女の幽霊だという。その幽霊がいるときは、ラジオの音が聞こえづらくなるそうだ。
　あるとき、男性が実験室でラジオをかけていると音量が下がったので、女の幽霊のしわざだと思った。男性はちょうど紙に落書きをしていたので、「顔を描いてあげるからラジオを聞かせて」と言い、男性が適当にペンを走らせると音量が大きくなった。長い髪を描くとラジオの音量が小さくなり、おかっぱ頭に描き直すと「正解」とでもいうように、ラジオの音量がまた大きくなった。そこで男性は実験室を出たが、もし最後まで絵を描ききっていたら、幽霊の似顔絵が完成していたのかもしれない。

危険度	★★★	場所	実験室	
国・地域	日本	時代	現代	
特徴	実験室に出る幽霊。ラジオの音量に影響をあたえ、似顔絵を描こうとすると喜ぶ。			

霊魂

二章

幽霊の似顔絵

調査レポート

実験室に2人以上いるときは、女の幽霊はあらわれないようで、ラジオをかけても音量に変化はないそうだ。ちなみに男性は描いた絵がこわくなってマッチの火で燃やしてしまったそうだ。

応援する幽霊

「がんばれ」と死者に声をかける女の幽霊

「がんばれ」と墓に向かってはげます幽霊の都市伝説。北海道にある霊園で目撃されている女の幽霊で、墓の前で手を合わせているところを目撃されている。霊園できもだめしをしていた若者のグループによると、墓の前にいる女を見つけたそうだ。その女は小さな声で「私は何年も前に死にましたが、あなたもがんばってくださいね」といったはげましの言葉をつぶやいていたという。女の正体は幽霊だったようだが、なぜ墓に向かってはげますような言葉をかけたのかはわからない。

別の場所では、女の幽霊とすれちがうときに「ガンバ」とつぶやかれたという目撃情報もある。生きている人間にはおそれられることが多い幽霊だが、まれに応援してくれるやさしい幽霊もいるようだ。

南無阿弥陀仏

調査レポート

すれちがうときに声をかけてくる「見えてるくせにの幽霊」という都市伝説もある。この場合は、目撃者が幽霊に気づかないふりをしていると、すれちがうときに「見えてるくせに」とつぶやくという。

二章

データ

危険度 ★★★	場所	霊園
国・地域 日本・北海道	時代	現代

霊魂

特徴　霊園にあらわれ、がんばれと墓に向かって声をかける幽霊。応援する理由は不明。

99

怪獣倉庫

夜な夜な動き出す怪獣たちの着ぐるみ

　昔、放送された特撮番組にまつわる都市伝説。その番組は、正義の味方であるヒーローが怪獣をたおして、地球を守るという内容で、子どもたちに大人気だった。

　怪獣倉庫とは、番組で使われるヒーローや怪獣たちの着ぐるみを保管し、メンテナンスをする倉庫のこと。その着ぐるみたちが夜になると倉庫の中で動き出すという噂が、どこからともなく広まったという。

　このような噂が生まれた理由として、倉庫で戦う怪獣たちのエピソードが実際にあった、汗をふくんだ着ぐるみを干していたらかわくときにちぢむので動いたように見えたなどいくつかの説があり、真実は不明のままだという。

調査レポート

怪獣倉庫はファンの聖地として愛されていたが、古くなってしまったので取りこわされたという。もしまだ残っていれば、今もヒーローや怪獣の着ぐるみたちが夜な夜なあばれていたのかもしれない。

くちはてた車

富士山に放置された謎のワゴン車

　富士山に放置されている、信じられないものにまつわる都市伝説。
　富士山の標高2000mあたりには、いつからかくちはてた高級ワゴン車が放置されているという。ずいぶん長い時間がたっているため車体はボロボロで、タイヤもないそうだ。そもそも富士山に車で入ることは禁止されている。一体だれがいつ、どうやってこんな場所まで車を運んだのだろうか。
　一説によると、富士山は昔、車やバイクを使って登れたそうだ。その時代に車で登頂した人がいて、そのまま車を置いていったのかもしれない。だが、車のある位置は登山ルートからだいぶ離れていて、そもそも車が通れるような場所ではない。真相は不明のまま、車は今も富士山にひっそりと放置され続けている。

二章

調査レポート

この車は衛星写真にも撮影され、地図アプリからも登山ルートから離れた位置に放置されていることが確認できる。持ち主は車を放置したあと、危険な道にもかかわらず徒歩で登ったのだろうか。

データ

現象

- **危険度** ★★★
- **場所** 富士山
- **国・地域** 日本・静岡県
- **時代** 現代
- **特徴** 富士山の標高2000mあたりに放置された、ボロボロの古いワゴン車。持ち主は不明。

夜中に家の中を動き回る人形

夜になると動く人形の都市伝説。ある家の和室にはケースに入った京人形が置いてあった。昔、少年が祖母といっしょに寝室でねていると変な夢を見たという。夜中に目がさめた少年がふと横を見ると、ろうかの奥から人形が近づいてくるのだ。お

びえた少年が祖母に助けを求めると、祖母はろうかに出て手で人形を押しもどすような動きをした。朝になって、和室を見ると人形はちゃんとケースに入っていたという。その現象は、毎晩続いたそうだ。

その後、少年が大人になり、子ど

二章

京人形(きょうにんぎょう)

データ

現象

危険度	★☆☆	場所	家
国・地域	日本	時代	現代

特徴　ふだんは和室のケースにあるが、夜になると動く人形。朝にはケースにもどっている。

ものころに人形が近づいてくる夢をよく見たと祖母に話した。祖母は孫が人形がくると言うから何もないろうかで押しもどす動きをしたと言ったという。どうやら少年が動く人形を見たのは夢ではなかったようだ。

調査レポート

怪現象が起きる人形といえば、髪がのびる「お菊人形」が有名だ。ほかにも捨てたはずの人形から電話がかかってきてどんどん家に近づいてくる「メリーさんの電話」という都市伝説もある。

バイク乗りの若者

バイクで事故死した若者の幽霊

　バイク乗りの幽霊にまつわる都市伝説。バイクで事故死した20代くらいの若い男性の幽霊で、釣り小屋付近に、バイクに乗ってあらわれるという。遭遇した人間の首をしめたり、とつぜん背中にだきついたりと悪事をはたらくこともあるらしい。

　あるとき、男性が釣りに出かけ、釣り小屋近くの車の中で、夜が明けるのを待っていた。するとバイクに乗った若者があらわれ、バイクで事故にあったと言った。男性はとても人当たりがよかったので、車内に若者をまねき入れ、血が出ていた頭に

二章

データ

危険度	★★★	場所	道路など
国・地域	日本	時代	現代
特徴	出会った人に悪さをするバイクに乗った幽霊。正体は事故で亡くなった若者だという。		

霊魂

ばんそうこうを貼り、酒をふるまった。やがて若者はバイクを押して去っていった。
　じつはその若者は、バイク乗りの幽霊だったようだが、男性のフレンドリーさに負けて、悪さをせずにいなくなったのかもしれない。

調査レポート

男性が、のちに釣り舟の船長に若者の話をしたら、その若者は幽霊であることがわかった。だが男性は「酒を飲み合ったらだれでも友だち」と笑い、その後も平気で釣り小屋を使い続けたという。

アポロ計画陰謀論

人類は月に行ってはいなかった!?

　人類が月面を歩いている有名な映像があるが、じつは地上のスタジオで撮影された映像だという噂がある。1960年代から1970年代にかけてNASA（アメリカ航空宇宙局）を中心としてアポロ計画（人類の月面着陸計画）が進められた。そして1969年には宇宙船アポロ11号が、人類史上はじめて月面に着陸した。アームストロング船長が月面に最初の一歩をふみ出す映像は世界中で生中継され、衝撃をあたえた。
　しかし、この映像はSF作家に脚本を書かせ、ハリウッドのスタッフが撮影したものだというのだ。1974年に出版された、アポロ計画はウソだと主張した本は3万部も売れたという噂もある。だがこの主張に根拠はなく、アポロ計画陰謀論そのものがデマである可能性も高い。

データ			
危険度	★★★	場所	スタジオ
国・地域	アメリカ	時代	1970年代
特徴	アポロ11号が月面に着陸した映像は、スタジオで撮影されたものという噂。		

調査レポート

アポロ計画陰謀論

ジョーク番組にだまされた人々

　人類が月に行ったのはウソだったという「アポロ計画陰謀論」に関するジョーク番組は、日本でも何度か放送されている。

　2003年には、フランスのテレビ局が制作した番組が、日本で放送された。その番組は、俳優が架空の人物を演じて「有名なSF監督に、月面に行ったかのような映像作成を依頼する」というものだった。

　番組の最後には「エイプリルフール用に作られたじょうだんの番組です」と紹介されたという。ところが、本当のドキュメンタリー映像のようだったため、だまされる視聴者も多かったといわれている。

人類が月に行ったことはウソだったなんて、あり得るのだろうか？

二章

陰謀論に対する反論

アポロ計画陰謀論をとなえる人の多くは、「月で撮影された写真におかしな点がある」と主張している。これに対して、アメリカやNASAは、しっかり反論している。

たとえば「月の上にいるのに、空に星が写っていないのはおかしい」という主張に対しては「撮影されたのが月の昼間の時間で、月の地表に露出を合わせているため」だという。「月面は真空なのに、旗がはためいているのはおかしい」という主張に対しては「旗のポールを地面にさしたときの反動で旗が動き、はためいているように見えるため」ということだ。

アポロ14号の宇宙飛行士が、旗を月面に立てている写真。

月に宇宙人の証拠があるという説も

アポロ計画陰謀論以外にも、月で宇宙人に関する証拠を見つけたが、アメリカやNASAはその事実を隠し続けているとする説もある。ほかにも「月には大気がある」「月には人工的な構造物がある」「月の内部は空洞になっている」などの噂があるが、どれもたしかな根拠はないとされる。

2014年には、月面を観測する衛星写真にヒト型の巨人が、二度も撮影されて話題になったが、残念ながら今のところ、月の巨人を見つけたという情報はないようだ。はたして、月には秘密があるのだろうか。

111

ブラックナイト衛星

データ

危険度	★★★	場所	宇宙
国・地域	不明	時代	現代

特徴 13000年前から地球の軌道上をまわり続ける未知の衛星。黒く細長い形をしている。

現象

二章

はるか昔から地球を
周回する謎の衛星

　地球の軌道上をまわり続ける、黒く細長い形をした巨大な衛星。その衛星はブラックナイト衛星と呼ばれている。「ブラックナイト」とは「黒い騎士」という意味で、身分や名前がわからない騎士を指す。

　ブラックナイト衛星は、1998年に国際宇宙ステーションではじめて撮影された。そこには謎の黒い物体が地球をまわっているすがたが映っており、謎の光も映りこんでいたという。はじめはどこかの国の衛星と思われたが、調査によりどの国の衛星でもないことがわかった。

　一説によると、ブラックナイト衛星は13000年前から地球のまわりをまわっているそうだ。地球は何者かによって、はるか昔から監視されていたのだろうか。だとすると、その目的は一体なんなのだろうか。

調査レポート

　ブラックナイト衛星の正体は、スペースシャトルなどからはずれて地球を周回している、なんらかの部品ではないかと考えられていた。だが、その部品は大気圏に落下し、燃えつきていたという。

未確認生物UMAと都市伝説

噂だけの生物は本当にいるのか?

　都市伝説といえば、「口さけ女（→P171)」や「注射男（→P9)」などの怪人や、幽霊、怪現象などの噂が多い。それに加えて、日本の山にいるとされる「ツチノコ（→P188)」やリザードマンとの共通点が多い「レプティリアン（→P20)」、アフリカの凶暴な「マラウイテラービースト（→P194)」など、謎多き生物の都市伝説もある。このような、目撃情報はあるが確実にいるという証拠が見つかっていないため、存在するかが不明の生物のことを未確認生物UMA（Unidentified Mysterious Animal）と呼ぶ。

　イギリスのネス湖にいるとされ、首長竜の生き残りと噂されている「ネッシー」や、ヒマラヤ山脈にすむという獣人「イエティ」などは目撃情報が多い世界的に有名な未確認生物である。

　あくまでも噂でしかなく、本当に存在するのはわからない。ただし、怪人や幽霊の都市伝説とくらべると、未確認生物には証拠となる写真や映像が存在するものが多いのもたしかだ。つまり、実在する可能性が高い都市伝説といえるかもしれない。

　今後、未確認生物をつかまえることができれば、「都市伝説」から「真実」となり、世紀の大発見となるだろう。

アメリカの獣人ビッグフット（サスカッチと呼ばれることもある）にまつわる看板。

三章

静寂の行方

だれもがねむりについた真夜中に、ささやく声が聞こえる。その声の持ち主の正体を知るには、つむっていた目を開くしかない。何が見えるのかは、夜の住人だけが知っている。

カンカンダラ

巫女の怨念から生まれたヘビ女

　山奥に封印された、カンカンダラというおそろしいヘビ女の化け物にまつわる都市伝説。カンカンダラは、上半身は腕が6本ある人間の女性のすがたをしていて、下半身はヘビに似ているといわれている。

　ふだん、カンカンダラは山奥の封印された場所に住んでおり、基本的にはすがたをあらわさない。だが、封印をやぶった人間に対してはすが

たを見せて、攻撃してくる。特に下半身を見たものは命がないそうだ。

　カンカンダラの正体は、うらみを抱いて死んだ巫女とされている。何百年も前、人を食べる大蛇をしずめるため、いけにえとなった巫女が、カンカンダラとしてよみがえり、村人を次々に殺したそうだ。のちにカンカンダラは山奥に封印され、今もその場所で生き続けているという。

調査レポート

　巫女をいけにえにしたのは巫女の家族6人が計画したことだったという。漢字では「姦姦蛇蝎」と書き、「姦姦」は巫女の6人の家族、「蛇蝎」は「とぐろを巻くヘビ」を意味するという説もある。

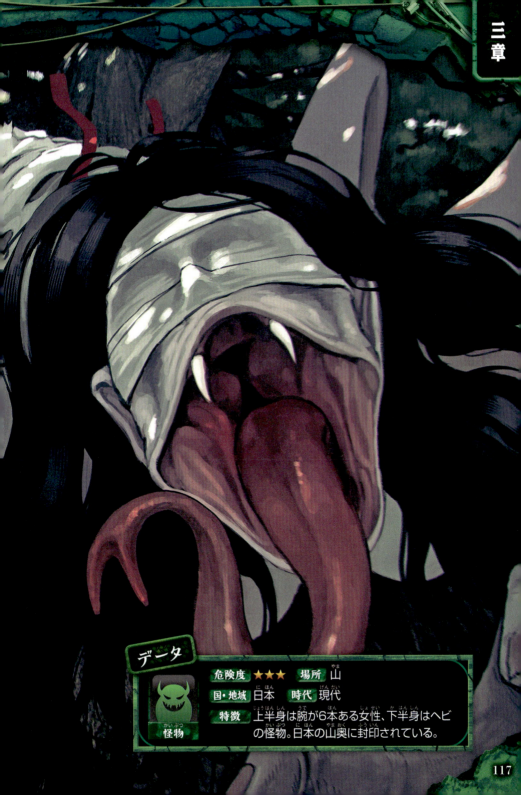

三章

データ		
危険度 ★★★	場所 山	
国・地域 日本	時代 現代	
特徴 上半身は腕が6本ある女性、下半身はヘビの怪物。日本の山奥に封印されている。		

三章

悪夢のタイピングゲーム

ゲームの男が夢に
あらわれておどす

　パソコンゲームにまつわる都市伝説。そのゲームは、料理をするときの食材の名前をキーボードで入力することでタイピングの練習ができるというもの。名前を入力した食材がシェフの男性のボウルに入っていくというシンプルなルールだったが、おかしな点がいくつかあったという。たとえば、「難易度が急に上がってクリアできないレベルになる」「ゲーム中に流れる音楽がスピーカーがこわれるほど大きくなったり、急に無音になったりする」などだ。さらに、このゲームで遊んだ子どもの夢にシェフが出てきて「○○○を言うな」とおどしてくるという。夢に出てくるシェフの顔がこわすぎて子どもたちはシェフが言った「○○○」の部分をおぼえていなかったそうだ。

データ

危険度	★☆☆	場所	ゲームの中
国・地域	日本	時代	1990年代
特徴	ゲームの内容が異常なタイピングゲーム。ゲームキャラが夢に出てくるという。		

現象

119

調査レポート

悪夢のタイピングゲーム

ゲームを調べると何かが起きる

　このゲームについて調べた人はたくさんいる。あるとき、不可能だといわれていた難易度のレベルをクリアできた人がいた。その結果、パソコンがおかしな動きをしはじめ、謎の画像ファイルがあらわれ、最終的にはゲームがとじてしまったそうだ。その画像とは、顔が変形し、苦しみの声をあげ、目から血を流す人の写真だった。しかも、この画像を消そうとするとパソコンがこわれてしまった。
　この原因をなんとか突き止め、さらに次のレベルに進めた人もいた。ただし、その先を見た人たちは心が傷ついたり、ゆくえ不明になったりするなどの異変が起きたという。

楽しいはずのゲームが悪夢に変わる…。

三章

恐怖をあたえるゲームたち

ゲームにまつわる都市伝説は世界中に存在する。ゲームそのものに異常があるもの、ゲームをすることで異変が起きるものなど、ゲームの怪異を紹介しよう。

✓ KILLSWITCH

1989年に世界で5000本だけ作られたパソコンゲームで、ゲームを終えるとデータが自動で破壊されるようになっていたという。あるとき、このゲームを手に入れた日本人がいた。その人は動画を公開したが、ゲームのプレイ動画ではなく、その人がモニターの前で泣いている様子だったという。

✓ ゲームババア

日本の小学校に伝わる都市伝説。学校にゲームソフトを持ってくるとあらわれる怪人がいる。子どもがゲームソフトを学校に持ってきていると、ゲームババアがやってきて教室に人がいないときにこっそり持って行ってしまう。ゲームババアは1000本以上のゲームソフトを持っているそうだ。

✓ 血だらけのコントローラー

ゲームをしていると異変が起きるという都市伝説。夜中の2時にテレビゲームをしていると、テレビから赤い血が流れてきたという。さらにテレビ画面には青白い顔をした女の人が映ることもあるという。女の人は「もし今からねたら朝には切りさかれて死ぬ」と言ってくる。これを聞いた人のコントローラーをにぎっている手が血だらけになっているそうだ。そのままねると言葉の通り、切りさかれて死んでしまうという。

怪異の原因はゲームソフトなのか、テレビやコントローラーなのかは不明である。

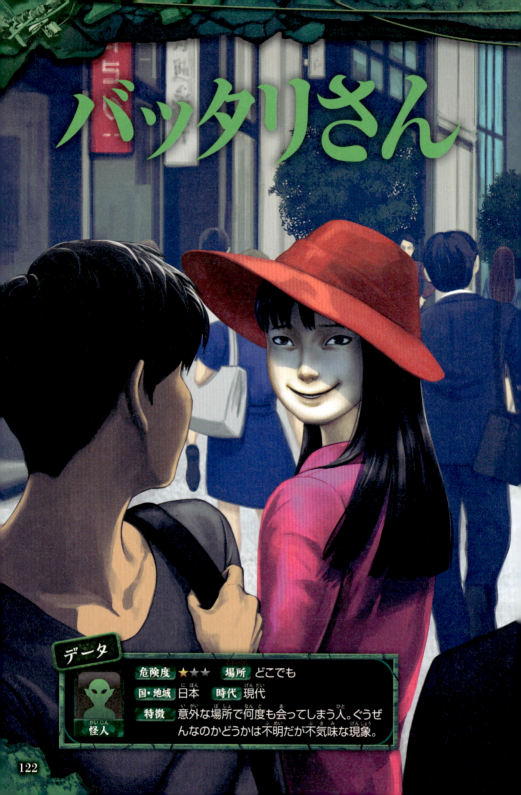

バッタリさん

危険度	★★★	場所	どこでも
国・地域	日本	時代	現代
特徴	意外な場所で何度も会ってしまう人。ぐうぜんなのかどうかは不明だが不気味な現象。		

データ / 怪人

三章

あらゆる場所で会ってしまう謎の人

道でぐうぜん出会う人の都市伝説。通学路などでいつもすれちがう人の顔を自然とおぼえてしまうことはだれにでもあるかもしれない。

目撃者には、よく行く駅や店でバッタリ会う人がいたという。ぐうぜん出会うことは10年ほど続いていた。同じ時間に行きがちな駅やスーパーではなく、ふらりとコンビニに行ったときや、家から遠くにドライブした先でも会うという。あまりにぐうぜんが続くので「バッタリさん」と呼んでいた。

あるとき、目撃者が自分の子どもの入学式に出席したときにもバッタリさんはいた。いつも1人で歩いていたので子どもがいるとは思わず、おどろいたそうだ。目撃者は、ぐうぜんがあまりに続くので少し不気味に感じているという。

調査レポート

近所の人と何度も会うのはめずらしくないが、家から遠い場所でも会うのは不気味だ。バッタリさんは他人だが、自分と同じ顔をした人と会うと死ぬという「ドッペルゲンガー」という都市伝説もある。

123

坊さんの幽霊

子どもを連れ去る坊さんすがたの幽霊

坊さんのすがたをした幽霊にまつわる都市伝説。この幽霊があらわれるとき、しゃくじょう（坊さんがもつ、銅や鉄などでできたつえ）を地面につくシャンシャンという音が聞こえてくるともいわれている。生前に修行をしていたためか、非常に強い力をもち、子どもたちをあの世に連れ去ってしまうそうだ。

子どものころ、妹が坊さんの幽霊に連れていかれてしまった、というおばあさんの話も伝わっている。そのおばあさんは霊感が強い人だったそうだが、実際に坊さんの幽霊を目撃したかどうかはわかっていない。

昔は、子どもがいつまでたってもねようとしないとき、親が「早くねないと、坊さんの幽霊に連れていかれるよ」と言って子どもをおどしていたともいわれている。

調査レポート

坊さんが幽霊になることはめずらしく、たいてい死んだあとは成仏するか、徳の高い神様のような存在になるといわれている。坊さんが化けて悪い幽霊になる理由は今も不明のようだ。

三章

データ

霊魂

危険度	★★★	場所	どこでも
国・地域	日本	時代	現代

特徴　坊さんのすがたをした幽霊。あらわれるときに、しゃくじょうをつく音がする。

さっちゃん

噂を聞くと手足を切り取りにくる怪人

童謡にまつわる都市伝説。「さっちゃん」とは、1959年に発表された日本の童謡である。さっちゃんという小さな女の子について語る歌で、歌詞の中に、さっちゃんは「バナナが大好き」と記されている。

噂によると、この童謡を歌ったり聞いたりしたあと、夜に大きなカマを持った黒服の女があらわれて、手足を切り落としていくといわれている。なぜ手足を取られてしまうかはわかっていないが、枕元にバナナの絵を置いてねれば助かるという。

なぜバナナの絵を置けば助かるのかは、理由は不明だ。歌詞の中で、さっちゃんは「バナナを半分しか食べられない」とあるため、さっちゃんに大好きなバナナをささげて見のがしてもらう、という意味があるのかもしれない。

調査レポート

さっちゃんのように、噂を聞くと夜中に手足を切り落としにくる怪人として、カシマさんもいる。さっちゃんの噂が広まり、のちにカシマさんなど手足をうばう怪人の噂とまじりあったのかもしれない。

調査レポート

教室のろうかを青いものが通りかかる前、とつぜん教室が白くかすんだという話もある。男の子に似た彫像が、その後どうなったのかは明らかになっていない。男の子は今もなお、ゆくえ不明だという。

青いもの

見ると彫像にされてしまう謎の存在

小学校にただよう謎の青いものにまつわる都市伝説。色が青いということ以外、形の特徴はいっさい伝わっていない。この青いものを追いかけて図工室に入ると、彫像になってしまうと噂される。

ある日、放課後に男の子が教室に残って図工の作業をしていたら、何か青いものが教室のろうかを通り、図工室に入っていった。男の子は不思議に思い、あとを追って図工室に様子を見に行ったあと、ゆくえ不明になってしまったそうだ。後日、図工室にはゆくえ不明の男の子の顔にそっくりな彫像が置かれていた。そして夜になると、男の子にそっくりな彫像は青い涙を流して「帰りたい」と泣き出すのだという。

青いものとは一体なんなのか、その正体はだれにもわからない。

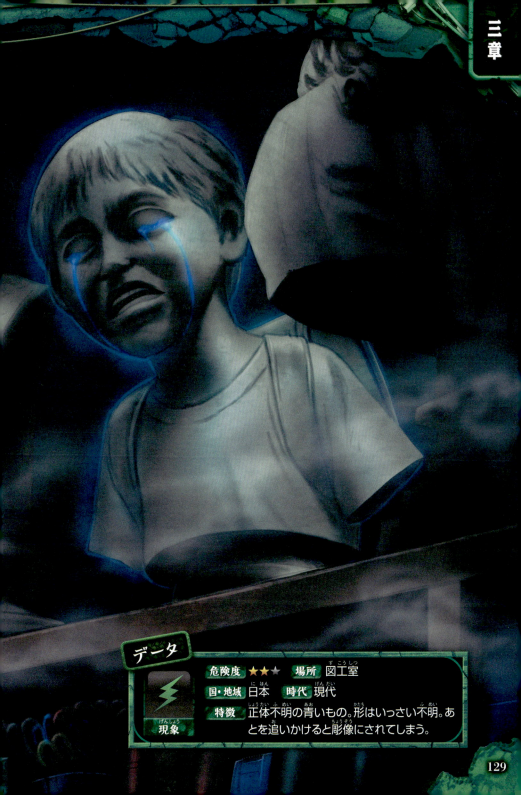

三章

データ

危険度 ★★★　**場所** 図工室
国・地域 日本　**時代** 現代
特徴 正体不明の青いもの。形はいっさい不明。あとを追いかけると彫像にされてしまう。

現象

赤いトンボ

人にかみついておそう危険なトンボ

　北海道で目撃されている赤いトンボにまつわる都市伝説。見た目はふつうのトンボだが、とても攻撃的な性質をもっており、人間をおそうおそろしいトンボだという。

　ふだんは目立たないところにかくれていて、おそう相手を見つけると急にすがたをあらわし、かみついてくるそうだ。特に子どもや老人など、反撃できなさそうな弱い人間をねらうといわれている。

　赤いトンボにまつわる噂はほかにもある。インターネット掲示板によると、朝から山をハイキングしている人がいた。するととつぜん大量の赤いトンボがあらわれ、その人の周りを包みこんだという。その後、すぐにトンボは去ったが、すっかり夕焼け空になっており、半日以上の時間がたっていたそうだ。

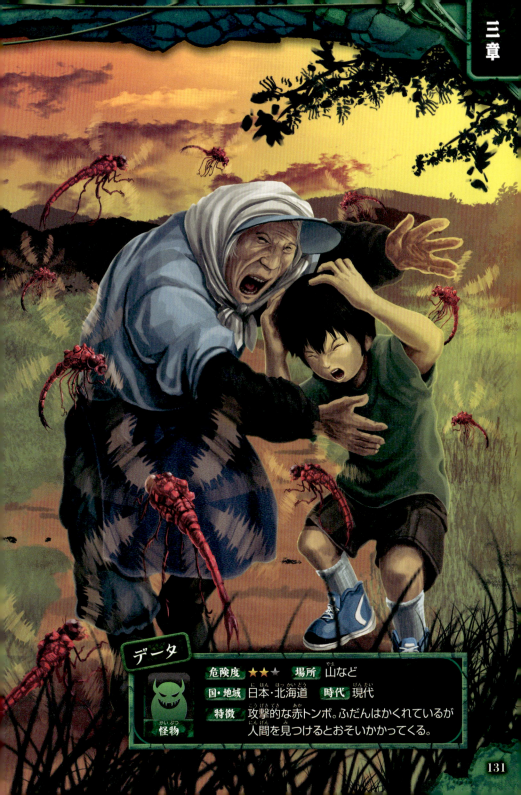

三章

データ

危険度 ★★☆	場所	山など
国・地域 日本・北海道	時代	現代
特徴	攻撃的な赤トンボ。ふだんはかくれているが人間を見つけるとおそいかかってくる。	

怪物

131

幽霊の噂で満員になった最終電車

電車に出る幽霊の都市伝説。今野圓輔という民俗学者が書いた本によると、大正時代、東京都のとある町で「赤電車の幽霊」と呼ばれる老婆の幽霊が目撃されていたという。赤電車とは、当時のその町を走っていた電車の最終電車のこと。

老婆の幽霊は赤電車でのみ目撃されていたので、そう呼ばれるようになったようだ。昔の電車では車掌が切符を確認しに車内をまわっていたが、車掌が切符を見るためにやってくると老婆の幽霊は消えてしまう。

老婆の幽霊の出現情報はたちまち噂となった。赤電車は幽霊が見られるとして有名になり、老婆の幽霊を見ようとする人たちで最終電車にもかかわらずいつも満員だったという。

調査レポート

乗り物にまつわる都市伝説は多い。タクシーに乗せた客がいつの間にか消えており、座席がぐっしょり濡れていたという「タクシー幽霊」の怪談が有名だ。バスに幽霊の客が乗る「バス幽霊」もある。

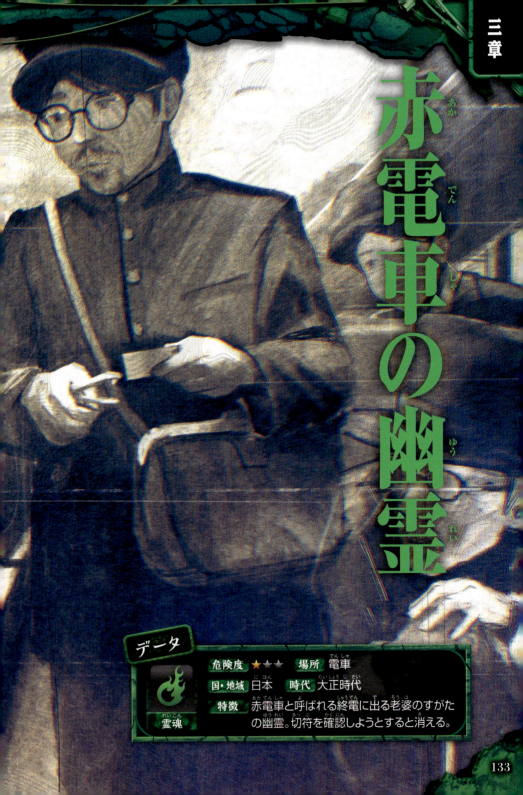

三章

赤電車の幽霊

データ			
危険度	★☆☆	場所	電車
国・地域	日本	時代	大正時代
特徴	赤電車と呼ばれる終電に出る老婆のすがたの幽霊。切符を確認しようとすると消える。		

霊魂

調査レポート

「怪文書」とは、だれが書いたか不明の怪しい内容の文書のこと。書店の本に怪文書がはさまっていることはめずらしくはないらしく、目撃者の店員は「幽霊よりも人間がこわい」と語っていたという。

本屋の怪文書

本にはさまれた謎のレポート用紙

書店に置かれている本にまつわる都市伝説。目撃者は東京にある書店の店員で、書店にある本にはときたま怪文書がはさみこまれていることがあるという。

店員によると、その人が担当している本は法律の専門書など分厚いものが多かったという。本だなを整理していると、本から紙切れのようなものが飛び出していた。ページが折れてしまっていると思い、開いて直そうとしたが、ページの折れではなく1枚のレポート用紙がはさまっていたという。レポート用紙には「娘はとおくに行ってしまった」などの文章が、誤字まじりのくせのある字で書かれていた。だれがなんの目的ではさんだかは不明である。

134

三章

娘はとおくに行ってしまった
　妻も覚悟は出来ている
この本を手に取ったあなたも
　同じ目に会っているだろうと思う

あなたは希望を捨てないで欲しい
　私はこれを最後とし
えのもとからとうぼうするつもりだ

あなたは光のみちを歩いてほしい

データ

危険度	★☆☆	場所	本屋
国・地域	日本・東京都など	時代	現代
特徴	本屋の本にはさまれている謎の文章。内容は意味不明でだれがはさんだかも不明。		

現象

事故物件の部屋で住人を見つめる女

　事故物件にまつわる都市伝説。前の住人が自殺して事故物件となった部屋に、住むことになった人がいた。引っ越しの日、下見のときにはなかった金魚鉢が部屋に置いてあったという。その部屋に泊まった住人の友人によると、夜中にねている住人の枕元に金魚鉢を頭にかぶった女が立っていた。女は住人の顔をしばらく見つめたのちに金魚鉢をゆかにおいて消えた。
　ある日、住人は金魚鉢で金魚を飼いはじめた。その後、学校に来なくなったので、友人が部屋に行くと、金魚鉢に頭を突っこんだすがたで住人が死んでいたという。目撃者が聞いた話によると、自殺したという前の住人も金魚鉢に頭を突っこんで死んでいたことがわかったそうだ。自殺者の霊のしわざなのだろうか。

データ

霊魂

危険度	★★☆	場所	家
国・地域	日本	時代	現代
特徴	事故物件にあらわれる頭に金魚鉢をかぶった女の幽霊。住むと死ぬという噂がある。		

三章

金魚鉢をかぶった幽霊

調査レポート

住人が金魚鉢で飼っていた金魚は生き残っていたので、家族がめんどうを見ることになったそうだ。ただし、金魚を入れていた金魚鉢はゆくえ不明となったため、今はどこにあるかはわからないという。

死後もゴミを整理し続けるマッチョな幽霊

ゴミ置き場にあらわれる、心やさしい幽霊にまつわる都市伝説。

目撃者の情報によれば、目撃者がゴミ置き場にゴミを出しにいったとき、ノースリーブを着たマッチョな男性がゴミ置き場の段ボールをテキパキと整理していたという。そこで目撃者が「お疲れ様です」と声をかけたところ、男性の体がすーっと消えて、両腕だけがその場に残ったという。じつはその場所は心霊スポットとして噂されていたが、目撃者はこわい気持ちにはならなかったそうだ。目撃者がその後、ふたたびこの男性の幽霊に遭遇したかは不明だ。

この男性の幽霊の正体はわからないが、死んでもボランティア精神を忘れない幽霊、死んだあとも働き続ける勤勉な幽霊など、ネットではさまざまに語られている。

データ

危険度	★★★	場所	ゴミ置き場
国・地域	日本	時代	現代
特徴			ゴミ置き場をきれいにしているマッチョな幽霊。声をかけるとすーっと消える。

霊魂

三章

ノースリーブお兄さん

調査レポート

きれい好きな妖怪もいる。「あかなめ」は風呂場にあらわれる妖怪で、風呂についたあかを舌でなめて掃除する。似た妖怪に「墓なめ」もいて、荒れた墓石を見つけると舌でなめてきれいにするそうだ。

猫の踊り場

手ぬぐいをかぶった踊る猫たち

横浜にある「踊場」という駅にまつわる都市伝説。昔、ある一家に飼われていた黒猫がいた。あるとき、一家が干していた手ぬぐいが1枚なくなった。次の日もまた1枚なくなったのでどろぼうにちがいないと思い、夜に見張りをしたがつかまえることはできなかった。翌日、一家の主人が夜にとなり町から帰っていると、人がいない空き地で手ぬぐいを頭にかぶった猫たちを目撃する。そこには一家が飼っている黒猫もいた。黒猫は踊りの師匠として空き地で猫たちに踊りを教え

三章

データ

現象

危険度	★★★	場所	空き地
国・地域	日本・神奈川県	時代	現代
特徴	手ぬぐいをかぶった猫たちが踊っていたという場所。現在は地下鉄の駅になっている。		

ていたのだ。踊る猫たちの噂が広まり、見ようとする人が集まるようになると踊る猫はいなくなったという。
　猫たちが踊っていた空き地こそ、現在は「踊場」と呼ばれる駅がある場所なのだという。

141

調査レポート

猫の踊り場

猫のモチーフが多い踊場駅

横浜の地下鉄の駅である「踊場」は、猫の伝説にちなんで、猫の足跡がゆかに描かれていたり、地上への出口の窓が猫の耳のような三角になっていたりと、猫にまつわるデザインになっているという。

また、踊場駅の2番出口のそばには、猫たちの霊をなぐさめるために建てられた「踊場の碑」という石碑がある。この碑のななめ向かい側が、猫が踊りをしていたという伝説の空き地跡ということだ。

なお、横浜の踊場と似たような伝説が、静岡県にも残されている。このような特別な力をもつ化け猫の話は全国にあるという。

踊場駅の中にある、猫の目をデザインした通路の壁。

猫にまつわる都市伝説

猫にまつわる怪談は多い。化け猫が登場する話も多く、昔から猫には「魔」の性質があると考えられていたようだ。ここでは猫にまつわる伝説を紹介する。

✓ 赤大猫

江戸時代に語られた猫にまつわる話。80歳のおばあさんが亡くなったとき、7日後に赤い大猫がどこからともなくあらわれ、家の奥でくつろいでいた。家の人が追い出そうとしたが、猫は動こうとしない。その夜、大猫が夢にあらわれ、自分は死んだおばあさんだと告げたそうだ。

✓ 猫おばさん

猫はしばしば人間に化けることがあるという。ある子どもが野良猫に石を投げてけがをさせた。すると、近くの駄菓子屋のおばさんがおこって追いかけてきた。そのおばさんは猫と同じ場所をけがしていたという。その猫が人間のおばさんに変身して追いかけてきたのかもしれない。

✓ 黒猫にまつわる都市伝説

黒猫にまつわる都市伝説もある。「黒猫の電話」は、満月の夜に黒猫を見た人に黒猫から電話がかかってくる。その後、1日以内に444人にこの電話について話さなければならない。もしできなければ猫にひっかかれたような傷を首に残して死ぬという。「金曜日の黒猫」とは、学校の図工室にある少女と猫の像の噂だ。毎年最後の金曜日に図工室に行くと、少女のひざの上の黒猫が巨大化し、目を開けるという。

黒猫は昔から「不吉」を呼ぶという噂もある。

三章

座敷坊主

子どものすがたをした、家につく怨霊

　静岡県に伝わる、家にあらわれる悪い霊。「座敷小僧」とも呼ばれている。5〜6歳の子どものすがたをしているという。坊主頭をしているという説もある。

　座敷坊主の正体は、旅の途中で殺されたお坊さんなどが、子どものすがたをした悪霊となってよみがえったもので、殺した人の家にたたるといわれている。ねている人のそばにあらわれ、布団を反対向きにしたり、枕を返したりしておどろかせたりするといわれている。

　家につく子どものすがたをした霊ということで「座敷童」と似ている部分もあるが、座敷童はその家に富をもたらしてくれるが、座敷坊主は家に不幸をもたらす存在である。

調査レポート

　大正時代の『人類学雑誌』という本には、とある家に座敷坊主が出るという話がのっている。その家の人は昔、金のために人を殺したことがあり、殺された人が座敷坊主になったと語られている。

144

三章

データ	危険度	★★★	場所	家
霊魂	国・地域	日本・静岡県	時代	現代
	特徴	5〜6歳の子どものすがたをした悪霊。すみついた家に不幸をもたらす。		

145

データ

- **危険度** ★★★
- **場所** アプリの中
- **国・地域** 日本
- **時代** 現代
- **特徴** SNSでの会話にいつの間にかいる女の子。正体をたしかめようとすると消える。
- **怪人**

三章

調査レポート

よく似た有名な都市伝説として「座敷童」の話がある。座敷童は、遊んでいる子どもたちの中にいつの間にか加わっている子どもで、仲良く遊ぶがだれも正体を知らないという存在である。

らいんわらし

メッセージアプリにあらわれる謎の女の子

スマートフォンでメッセージを送り合うアプリにまつわる都市伝説。そのアプリはだれもが使っているもので、ある少年が友だち同士でグループを作ってメッセージのやり取りをしていた。するとグループのメンバーに知らない女の子の名前が加わっていた。女の子が少年にメッセージを送ってきたので、少年も返事をしてやり取りを楽しんでいた。

仲良くなったので女の子の正体が気になり、グループのメンバーにだれの知り合いなのか聞いてみた。すると、メンバーのだれも女の子のことを知らないと言った。少年がアプリを立ち上げてたしかめようとすると女の子の名前が消えていたという。それ以来、女の子の名前がアプリに2度とあらわれなかった。女の子は何者だったのだろうか…。

147

初期化幽霊

データをすべて消してしまうめいわくな幽霊

パソコンなどのデータを保存する道具を初期化してしまう幽霊の都市伝説。その幽霊はある高校のパソコンルームに住みついている。見た目は白装束を着た古風なすがたで、長い髪が特徴の幽霊だという。学校の先生がパソコンルームで1人で作業をしているときにあらわれる。

昔、フロッピーディスク（データを記録する道具）が幽霊になでられて初期化されてしまい、入っているデータが全部消えてしまうという現象が起きた。非常に困るので、幽霊はおそれられていたそうだ。その後、フロッピーディスクの代わりにCD-ROMやハードディスクなど、新しい電子機器が使われるようになった。だが、幽霊はこれらも初期化できた。電子機器の進化に負けず、現在も先生たちを困らせているようだ。

データ 霊魂			
危険度	★★★	場所	家など
国・地域	日本	時代	現代
特徴	保存した電子機器のデータを消す幽霊。時代の変化に合わせて幽霊も進化する。		

三章

調査レポート

パソコンに関係した都市伝説には、学校のパソコンルームにあるパソコンにあらわれる「AIババア」や、作り話の怪談がインターネットで広まり現実となってしまう「パソコン通信の怪」がある。

三章

トイレにあらわれる男の子の怪人

太郎くん

　学校の男子トイレに、太郎くんという怪人が出るという都市伝説。太郎くんは死んでしまった少年が、怪人化した存在だという。男子トイレの一番左の個室に「太郎くん、遊ぼう」と言って入ると太郎くんがあらわれ、あの世に連れて行かれてしまうそうだ。

　ほかにも、男子トイレの3番目の便器の前に立っていると、30秒後に便器から太郎くんの血が流れてくるといった噂や、学校の2階にある男子トイレの3番目のドアを3回たたいて「太郎くん」と呼びかけると、青いぼうしをかぶった太郎くんがドアの上に座っているという目撃情報もある。この場合も太郎くんにつかまったらどこかへ連れて行かれてしまうという。太郎くんからにげるには、逆に追いかけるといいといわれている。

データ			
危険度	★★☆	場所	トイレ
国・地域	日本	時代	現代
特徴	学校の男子トイレにあらわれる怪人。いっしょに遊ぶととあの世に連れて行かれる。		

怪人

調査レポート

太郎くん

花子さんのボーイフレンド？

トイレに出る怪人という共通点から、太郎くんは「トイレの花子さん（→P5）」とペアで語られることも多い。花子さんは女子トイレの3番目の個室をノックすると出るといわれるが、太郎くんが出るのも男子トイレの3番目の個室だ。男子トイレと女子トイレがひとつになったトイレで、太郎くんと花子さんの両方が目撃されたこともある。

太郎くんの正体は、花子さんのボーイフレンドではないかとする説が多い。ほかにも、兄または弟とする説、友だちとする説などもある。また、花子さんはよい怪人だが、太郎くんは悪い怪人だとする噂もある。

トイレの怪人で有名な花子さんと関係があるのだろうか。

三章

さまざまなトイレの怪異

トイレに出るおそろしい怪人、トイレで起きる怪現象…。閉ざされた場所であるトイレは、昔からなぜか怪異ととなりあわせの空間だ。トイレの怪異を紹介する。

✓ カミをくれ

トイレに入ると「カミをくれ」という声が聞こえてくる都市伝説。この声を聞いた子どもがトイレットペーパーをあげても声はやまない。「もう紙がない」と伝えると、「その紙じゃない、この髪だ！」と声をあげる。便器から出てきた手が子どもの髪をつかんで便器の中にひきずりこむという。

✓ 九時おじさん

夜の9時9分にトイレにあらわれるのが九時おじさんだ。女子トイレで「九時おじさん、遊ぼうよ」と言うと、「なわとびとままごと、どちらがいい？」という声が聞こえてくる。このとき、「なわとび」といえば首をしめられ、「ままごと」といえば上から包丁が落ちてくるという。

✓ ムナカタ君とムネチカ君

ムナカタ君は、男子トイレにあらわれる怪人で個室から「牛乳を飲ませてください」と小さな声で話しかけてくるという。牛乳を持っていくと、ドアから毛むくじゃらの手が出てきて牛乳を受け取る。その後は、個室の中に空になった牛乳瓶が置かれているという。これによく似たムネチカ君という怪人もいる。ムネチカ君はドリンク剤がほしいと言ってくるのでわたすと、「ファイト、いっぱ〜つ！」と大声を出してあばれ出すという。

なぜ牛乳をほしがるのかは不明である。

海上を行進する兵隊

夜の海にあらわれる謎の白い兵隊たち

　青森県にあらわれるという、兵隊のようなすがたをした白い影にまつわる都市伝説。人間に危害を加えることは特にないようだ。

　あるとき、小学6年生の男子が夜の砂浜を歩いていたら、海の上に、長く続いている白い影がぼんやりと見えた。男子がよくよく見てみると、その白い影は、ザッザッと一定のリズムを刻みながら海の上を行進していく、兵隊のようなすがたをした集団だった。

　男子はこわくなってすぐにその場をはなれ、家に帰ったという。白い兵隊たちが何者なのかは不明だ。彼らを目撃したあと、男子の体調が悪くなったり、不幸なことが起きたりすることはなかったそうだ。

154

三章

調査レポート

集団であらわれる霊として、高知県に伝わる「7人ミサキ」という7人組の幽霊の話もある。もし目撃してしまうと7人ミサキの霊の1人が成仏し、目撃者が7人ミサキの1人になってしまうそうだ。

データ

霊魂

危険度	★★★	場所	海辺
国・地域	日本・青森県	時代	現代
特徴	兵隊のようなすがたをした、複数の白い影。隊列を組みながら海の上を歩く。		

調査レポート

殺された山伏の親子のうらみの念が固まり、野牛となったという伝説もある。現在、この山には数十匹の野牛が住み、野牛のおそろしい鳴き声が山のあちこちにひびき、旅人をおそれさせるという。

データ

- 危険度 ★★☆
- 場所　山
- 国・地域　日本・高知県
- 時代　現代
- 特徴　オオカミに殺された山伏の一家のうらみがつまった剣が、次々にたたりを起こした。

霊魂

狼に殺されし山伏3人の幽霊

剣に宿った山伏のたたり

　高知県に伝わる、たたりを起こす死者にまつわる都市伝説。

　昔、山伏（山で修行する僧）の親子3人がとある山を通ったときに、オオカミの群れに食い殺されてしまった。山伏が水をくみにいっているときに母と子がオオカミに食われ、かたきを取ろうとした父親も食い殺されてしまったという。このとき、山伏の持っていた剣が谷に落

ち、その剣を知らずに拾った旅人に、次々にたたりがふりかかったという。この剣には、妻と子を救えなかった山伏の無念が宿っていたのだろう。のちにこの剣は、御神体（神様）としてまつられたという。それ以降、たたりの話は伝わっていない。

　この話は1925年に刊行された高知県の伝説集『土佐風俗と伝説』に記録されている。

臨死体験にあら

あの世に行きそうな魂を助けてくれる

　死にかけた人の前にあらわれるという幽霊に関する都市伝説。
　臨死体験とは、意識を失い死にそうになった人が目をさますまでの間に不思議なものを見たり聞いたりする体験のことである。
　体験談によると、生死の境をさま

よっている人は、花畑や川岸にたたずんでいる。すると、奥のほうからすでに亡くなっている家族や友人が体験者の前にあらわれる。彼らは「こちら側に来てはいけない」と声をかけてくれるそうだ。その声を信じて向こう側に行かずにもどってく

三章

データ

霊魂

危険度	★★★	場所	どこでも
国・地域	世界中	時代	現代
特徴	死にかけた人が会う家族や友人の幽霊。あの世に来るなと言って生き返らせてくれる。			

われる幽霊

ると、無事に目をさまし生き返ることができるという。臨死体験をした人たちは、みな家族や友人は自分を助けるために出てきて、もしそのまま向こう側へ進んでいたら、おそらく死んでいたと語っている。

調査レポート

逆に、夢の中に死んだはずの親しい人があらわれ、こちらに来いと誘ってくるという話もある。この場合、その人についていくと死者の世界に行ってしまい、亡くなってしまうという。

159

性格が正反対の
もう1人の父親

2人の父親

　まるで別人のような性格がまったくちがう父親がもう1人いたという都市伝説。目撃者が小さいころ、見た目はまったく同じだが性格が正反対の父親が家に帰ってくることがあったという。ふだんの父親はやさしい性格だったが、もう1人の父親はらんぼうな性格で、帰宅すると家中をめちゃくちゃに荒らすという。父親が家に入る前から、目撃者は今日の父親がどちらなのかを感じることができたそうだ。

　すでに大人になった目撃者は、過去に父親が2人いたはずだということを家族に聞いてみたという。すると家族は「そんなことはなかった」としか言わず、兄にはそれ以上質問をすることを止められてしまった。父親が本当に2人いたのか、真相は不明のままである。

三章

調査レポート

その後、目撃者が兄に聞いたところによると、子どものころに家であばれていたのは父親ではなく母親だったという。ますます謎が深まったが、こわくなったのでそれ以上、調べることはやめたそうだ。

データ

怪人

危険度	★★★	場所	家
国・地域	日本	時代	現代

特徴　2人いるかのように、日によって性格が正反対になる父親。周りは気づいていない。

三章

おあずかりしています

廃病院から帰ってこなかった少年

廃病院(使われなくなった古い病院)にまつわる都市伝説。

あるとき、廃病院にきもだめしでこっそり入った少年たちがいた。彼らは地下にある霊安室(遺体を置く部屋)など、病院の中をうろついたが特にこわいことは何も起きなかった。病院を出た帰り道、少年のうちの1人が霊安室に忘れ物をしたと言って取りにもどったという。しかし、その少年はそのまま家に帰ってこなかった。

帰ってこない少年を心配する家族のもとへ1本の電話がかかってきた。電話の相手は廃病院の名前を告げ、「むすこさんをおあずかりしています」と言った。あわてた家族が警察に連絡し、廃病院を調べてもらったところ、地下の霊安室で少年が死んでいたという。

データ

現象

危険度	★★☆	場所	廃病院
国・地域	日本・京都府	時代	現代
特徴	廃病院に入った人が消え、電話がかかってくる。消えた人は病院で亡くなっている。			

163

調査レポート

おあずかりしています

古い病院で起こる心霊現象

「おあずかりしています」は、京都にある廃病院で起きた出来事だという。このように、廃病院にまつわる心霊現象の報告は多い。たとえば、北海道にある「旧朝里病院」という廃病院では、だれもいないのに建物から足音が聞こえたり、手術室から手術器具をあつかうような金属音が聞こえてきたりするという噂がある。

また、ある男性がこの廃病院にきもだめしのためにしのびこみ、ふざけてカルテを持ち帰ったら、「カルテを返してください」と、看護師の女から電話がかかってきたという。現在、この廃病院は取りこわされ、すでに存在していないそうだ。

廃病院には幽霊が出現するという噂が多い。

三章

廃墟にあらわれる幽霊たち

病院にかぎらず、使われなくなった古い建物には、何かおそろしい存在がひそんでいるのかもしれない。全国で噂される廃墟にまつわる都市伝説を紹介する。

✓ サリーさんの館

幽霊の声が聞こえるという北海道の廃墟。ある少女が館に入り、中の様子を録音して帰った。帰宅してテープを再生すると「おじゃまします」という少女の声に対して「どうぞ」、「おじゃましました」という少女の声には「ちょっと待て」という、謎の声が入っていた。

✓ 窓からふられる手

とある廃病院にまつわる噂。若者たちがきもだめしのため、廃病院にやってきた。ところがだれもいないはずなのに、5階の窓からだれかが手をふっていたという。さらにそれだけでなく、今度は窓という窓から無数の白い手があらわれ、彼らに向かって手をふったという。

✓ 幽霊授業

廃校にまつわる都市伝説。この廃校は10年以上前に火事になり、多くの生徒が亡くなったという。あるとき、男性教師は廃校で生徒たちの幽霊を目撃した。以来、男性教師は彼らのため、夜な夜な廃校で授業をするようになった。だが、あるとき男性教師は、授業をしているところを別の教師に見られてしまった。生徒の幽霊は消え、男性教師はゆくえ不明になった。廃墟には男性教師と生徒たちの写真が落ちていたという。

男性教師は、生徒たちの幽霊とともにどこへ消えたのだろうか？

SNSと都市伝説

時代とともに進化する怪異

　日本での都市伝説の盛り上がりは何度かあるが、1970年代の心霊ブームはテレビからの情報がメインだった。2000年代になるとだれもがインターネットを使えるようになり、投稿サイトやネット掲示板などを通じて「こわい話」が語られるようになった。

　社会の変化は都市伝説にも影響している。かつては「不幸の手紙」という、まわってきた手紙をほかの人にまわさないと不幸になるという都市伝説があった。インターネットの時代には、手紙が電子メールとなって「チェーンメール」という都市伝説になった。

　そして2010年代になるとスマートフォンをだれもが持つようになり、SNS（ソーシャル・ネットワーキング・サービス）と呼ばれるインターネット上のコミュニケーションサービスが盛んになる。すると「らいんわらし（→P146）」のような、SNSにまつわる新しい怪異が生まれた。都市伝説は、その時代に起きていることや新しい技術と関係し合っているのだ。

　そして、2020年代となった今も、不思議なものへの人々の興味はつきることはない。これからも社会の進化とともに、新しい怪異が生まれてくるだろう。遠い先の未来には、現代の私たちには想像もつかない都市伝説があらわれるにちがいない。

手紙からケータイ、スマートフォンと時代が変わっても都市伝説は生まれ続ける。

四章

終末の境界線

怪異はとつぜんやってくる。前ぶれもなく、あたりまえの世界が急変する。もう平穏にはもどれない。日常が終わりをむかえたその先に、いったい何が待っているのだろうか。

保健室のベッドに
あらわれる女の子の幽霊

　学校の保健室にあらわれる、「ねむり姫」という幽霊にまつわる都市伝説。保健室で1人でねていると、となりのベッドにねむり姫があらわれ、「苦しい」「助けて」といった声が聞こえてくるそうだ。ところがかけ布団をめくっても、ベッドにはだれもいないのだという。声を発するだけで、危害を加えてくるわけではないようだ。

　ねむり姫の正体は、保健室で1人でひっそりと亡くなってしまった女の子の幽霊とされている。あるとき、学芸会でねむり姫の役を演じた女の子が、急に体調をくずして保健室で休んでいた。ところが体調が悪化し、だれもいない保健室で死んでしまったという。それ以来、保健室で1人でねていると、ねむり姫があらわれるようになったそうだ。

保健室のねむり姫

危険度	★★★	場所	保健室
国・地域	日本	時代	現代
特徴	保健室で1人でねているとあらわれる少女の霊。「苦しい」などの声が聞こえる。		

四章

調査レポート
保健室のねむり姫

保健室にひびく謎の声

保健室にまつわる都市伝説はほかにもある。ある小学校では、保健室のベッドで休んでいると、必ずかなしばりにあい、何者かの声が聞こえてくるという。

ある子どもが、その噂をたしかめようと、休み時間に保健室のベッドでねてみた。するとすぐに、だれもいないのに、耳元で数人のささやき声が聞こえてきたという。しかも、その声はだんだん大きくなり、どなり合うような声に変わっていった。ついには、泣きさけぶような大声が保健室のあちこちから聞こえてきたといい、あわててにげ出したそうだ。声の正体は不明のままだという。

だれもいないのに声が聞こえたら、保健室をのぞかないほうがいいだろう。

保健室に出没する口さけ女

保健室には、ねむり姫や声だけの何者か以外にも、おそろしい怪人がひそんでいるようだ。

噂によれば「口さけ女」が保健室にもあらわれるという。口さけ女といえば、下校中に「私、きれい？」ととつぜん聞いてきて、さけた大きな口を見せておそいかかってくる有名な怪人だ。

学校にあらわれる口さけ女は、大きなマスクをつけて保健室の先生のふりをしているという。ふだんは何もしないが、もし子どもがマスクをしている理由を聞いてきたら、マスクを外し、その子どもを食べてしまうといわれている。

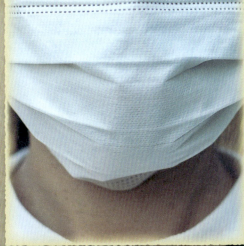

口さけ女は学校にもあらわれるらしい。

保健室には化け物もいる！

別の学校には、保健室におそろしい化け物がひそんでいるという。その化け物は、髪が緑色で長く、ゾンビのようなすがたとされ、保健室のベッドでねている子どもにおそいかかるのだという。

また、この保健室には別の話もあり、ベッドにねていたら、目には見えない何かがとつぜんおおいかぶさってくることがあるという。

子どもたちの噂によると、この目に見えない存在が、化け物から自分たちを守ってくれているのではないかということだ。

がしゃがしゃ

子どもにだけ見えるドジなよろいの幽霊

ある家で昔から目撃されている、よろいを着た幽霊の都市伝説。よろいががしゃがしゃと音を立てることから、「がしゃがしゃさん」と呼ばれている。子どもにしか見えず、どろぼうをやっつけたり、子どものめんどうを見てくれたりする。目撃者のおじいさんの代からいるらしく、家族ががしゃがしゃさんをこわがることはないそうだ。

がしゃがしゃさんは家の守り神のような存在である一方で、こわがり

四章

データ

霊魂

危険度	★★★	場所	家
国・地域	日本	時代	現代
特徴	子どもにしか見えないよろいを着た幽霊。家の守り神的存在だが、ドジな一面もある。			

さん

でドジな一面もある。音や光が苦手で家電の動きにビクビクするという。また、ある日、子どもが川でおぼれたことがあり、子どもは大人に助けられて無事だったが、助けようとしたがしゃがしゃさんのほうがおぼれていたという。

調査レポート

がしゃがしゃさんはその一族にとっては愛される存在のようだ。現在、その家は取り壊されている。しかし、がしゃがしゃさんはその一族の長男の家に移り住んでいるようだ。

データ

危険度	★★★	場所	電車
国・地域	日本・東京都	時代	1970年代
特徴	40代くらいのおじさん。電車の中で「ナ〜ンチャッテ」と言い、乗客を笑わせる。		

怪人

四章

ナンチャッテおじさん

乗客を笑わせる奇妙なおじさん

1977年から1978年にかけて、東京都の電車内にあらわれたという、謎のおじさん。見た目は40代くらいで、電車の中でとつぜんブツブツとひとりごとをしゃべり出す。乗客がおどろいて注目したところで、両手で頭の上にわっかを作り「ナ〜ンチャッテ」と言って乗客を笑わせるそうだ。とあるラジオ番組に、女子高生から目撃情報のハガキがよせられたことをきっかけに、東京のあちこちの電車で目撃者が続出。当時の新聞には、ナンチャッテおじさんを探す広告まで掲載されたという。

じつはナンチャッテおじさんは、とある放送作家が考えた架空の人物であることがわかっている。にもかかわらず目撃情報があとをたたなかったことから、ナンチャッテおじさんは実在したのかもしれない。

調査レポート

ナンチャッテおじさんのように、架空の人物にもかかわらず本当に目撃された怪人はほかにもいる。アメリカで創作されたスレンダーマンという怪人も、実際に目撃した人があとをたたなかった。

175

四章

裏拍手

おぼれた死者による不吉な動作

　裏拍手という動作にまつわる都市伝説。ふつうの拍手は左右の手のひら同士をぶつけ合って「パンパン」という音を出す動作だ。一方、裏拍手とは手の甲同士をぶつけ合う拍手のこと。裏拍手にはおそろしい意味があり、死者がおこなう動作だとする説がある。水でおぼれて亡くなった人が幽霊となり、仲間をふやすために水に引きずりこむことがある。このとき、仲間がふえたことを喜んで裏拍手をするそうだ。裏拍手をする理由は、おぼれて死んだ幽霊は、手のひらが水でふやけているので、手の甲で拍手をするからだという。

　また、生きている人がだれか特定の人に対して裏拍手をする場合は、相手を呪う意味があり、裏拍手をされた人は死が早まるともいわれている。

データ

⚡ 現象	危険度	★★☆	場所	どこでも
	国・地域	日本	時代	現代
	特徴	手の甲同士をぶつけ合う拍手。死者の拍手であるなど、不吉だとされることが多い。		

177

調査レポート

裏拍手

死人がする拍手

　裏拍手は、死人がする拍手ともいわれる。人が死ぬと、着物をふつうとは逆の左前にして着せる風習がある。これは、「逆さごと」と呼ばれる儀式で、あの世とこの世は反対の関係にあるため、死者にまつわるものを逆さにする風習だ。そのため、生きている人が逆さごとをするのは縁起が悪く、着物を左前にして着ないほうがいいとされている。

　そのため、ふつうの拍手と打つ手が反対の裏拍手も「逆さごと」の一種として、死者の拍手とする説があるのだ。この場合、生きている人が裏拍手をすることは非常に縁起が悪いといえるだろう。

ふつうの拍手であれば、相手を祝福する意味だが…。

「逆さごと」の儀式

「逆さごと」はおもにおそうしきのときにおこなわれる風習で、死んだ人の着物の着せ方以外にも存在する。足袋を左右逆にはかせる、帯をたて結びにする、頭を北側に向けてねかせて北枕にする、ねかせているふとんの頭と足を逆にする、亡くなった人の頭の上にかざるびょうぶを上下逆さまにする、などである。

なぜ逆さにするのかという理由として、この世とは逆さまの関係にあるあの世で、亡くなった人が困らずに過ごせるようにという願いをこめているという説もある。

生きている人が北枕にすると縁起が悪いといわれる。

縁起が悪いしぐさやジンクス

古くから信じられているものから、本当かどうかあやしい噂レベルのものまで、縁起の悪いしぐさはたくさんある。「夜にくちぶえをふく」のは、鬼やヘビを呼びよせてしまうという。「霊きゅう車（亡くなった人を運ぶ車）を見たときは親指をかくさないと親の死に目にあえない」などの不吉なジンクスもある。

海外にも縁起の悪い迷信がある。有名なものは「13日の金曜日は不吉」というジンクスだ。多くの人がこの日に旅行やイベントを入れることを避ける傾向があるという。

探しています！

年齢　　〓〓歳（当時）
身長　　128〜840cm
体重　　不明（見た目より軽いです）
特徴　　赤いリボンに赤い服を着ています。
　　　　かわいいものが好き。

見つけたら連絡ください　080-XXXX-XXXX

データ

現象

危険度	★★★	場所	町など
国・地域	日本・東京都など	時代	現代

特徴　「探しています！」という文字と、不気味な人間の写真がのっている貼り紙。

四章

不気味すぎる貼り紙

見た人を不穏な気持ちにさせる貼り紙

　東京など、町のあちこちで見かけることがあるという、不気味な貼り紙にまつわる都市伝説。その貼り紙には「探しています！」という文字とともに、不気味な人間の写真がのっているという。

　貼り紙に書かれた説明によると、その人物の年齢は11歳（当時）とあり、身長は「128〜840cm程度」、体重は「不明（見た目より軽いです）」など、その人物の特徴について書かれている内容は、意味不明なものになっている。

　この貼り紙はＳＮＳに投稿され、話題になった。貼り紙の正体をめぐっては、とある芸術家が作成した作品だったという噂もあるが、真相は不明なままである。

調査レポート

貼り紙にまつわる「天狗の新聞」という都市伝説もある。天狗は人が亡くなる直前、その人の名前を書いた貼り紙を電柱に貼るのだという。その人が亡くなると、貼り紙はいつの間にか消えるそうだ。

181

偽物の警察官

警察官にふんして近づいてきた犯人

　テレビ番組で取り上げられて話題になった都市伝説。
　あるとき、女性が夜おそくに帰宅中、黒服を着たあやしい男が走っていくすがたを目撃した。次の日、警察官がたずねてきて「この近所で殺人事件があったが、何か知らないか」と言う。女性はあやしい男のことを忘れてしまっていたため、「何も知らない」と答えた。
　後日、テレビのニュースを見ていたら、たずねてきた警察官そっくりの人が、犯人として逮捕されていた。つまり、犯人が警察官をよそおっていたのだ。もしもそのときにあやしい男の話を伝えていたら、警察官をよそおった犯人に口ふうじのために殺されていたかもしれない。

調査レポート

通常、事件の聞きこみは、基本的に私服の刑事が2人以上のチームでおこなうらしい。制服の警官も訪問することはあるが、犯人の聞きこみよりも、防犯対策の注意を伝えることが多いようだ。

大量のごはんを求める大男の幽霊

大食いの幽霊

飯をたくさん食べる幽霊の都市伝説。昔、ある家族が中古の家を買った。その家には大きな男の幽霊が住んでおり、母親と三男だけに見えたという。大男の幽霊は、「この家に住むなら毎日45キロの白米に煮物をそえて自分にそなえろ」と言った。もし用意できない場合や、このことをほかの者に話した場合は、家族にとりついて死なせるという。

母親は、数日は必死で大男の幽霊へのおそなえものをしていたが、ものすごい量なので用意することが難しくなってきた。しかたなく一家はせっかく買った家から引っ越してしまったという。その後、大男の幽霊は出なくなったようだが、母親と三男はまた幽霊があらわれて命をねらわれるのではないかとおびえていたという。

エンピツおばけ

エンピツにかみあとを残すおばけ

小学校にあらわれるという、持ち主の頭をよくしてくれる不思議なおばけにまつわる都市伝説。

とても小さなおばけで、だれも見たことがないため、すがたはわからない。このおばけにかじられたエンピツを使って子どもが問題を解くと、どんなに苦手な問題でもあっという間にわかってしまうという。

しかし、エンピツをけずったりして、おばけのかみあとを消してしまうと、問題を解く力はなくなってしまうそうだ。

もし、身におぼえのないかみあとがエンピツについてたら、エンピツおばけがかじったのかもしれない。けずりすぎに気をつけながら、エンピツを使ってみよう。

データ

危険度	★★★	場所	学校
国・地域	日本	時代	現代
特徴	すがたの見えない小さなおばけ。かじったエンピツの持ち主の頭をよくする。		

怪物

調査レポート

ツチノコは、大変古くから日本の山に住んでいたようだ。約1300年前に書かれた日本の歴史書である『古事記』や『日本書紀』にも、「野槌」という名前でツチノコが登場している。

ツチノコ

古くから伝わるヘビに似た未確認生物

　古くから目撃情報がある、日本の山中に住んでいる伝説の生き物。三角形の頭をしていて、体はヘビの体を短く丸くふくらませたようなかたちをしている。人の前に転がり出てきたり、一気に数mもジャンプする。強力な毒をもっているため、もしかまれると助からないという。

　そのほか、人の言葉を話す、すがたを消すときに光る、雷のような大きな音を立てる、笑い声を発するなどの噂も伝えられている。

　現代でも、ある地域ではツチノコに懸賞金がかけられたり、ツチノコを探すイベントが開催されたりしているが、いまだにツチノコをつかまえたという人はいない。正体は今もなお不明のままだ。

データ

怪物

危険度	★★☆	場所	山
国・地域	日本	時代	現代
特徴	頭は三角形で、蛇を太く短くしたかたちをしている。日本の山中に住んでいる。			

四章

監獄をうろつく囚人の幽霊

次郎

夜な夜なあらわれる死んだはずの囚人

監獄を歩きまわる囚人の幽霊がいるという都市伝説。監獄とは罪をおかした人を閉じこめておく建物のこと。昔、東京にあった監獄に入った人物が14年後に出てきた。その人が監獄に入ったばかりのころ、建物の中をうろつく幽霊を見たことがあるという。

あるとき2人の囚人がケンカをして、1人がなぐられて死んでしまった。その日から夜になると死んだ囚人の幽霊があらわれ、監獄の中をうろうろと歩くようになった。ほかの囚人たちは不気味に思ってこわがっていたが、毎晩あらわれる死んだ囚人の幽霊にだんだん慣れていったという。そのうち「またあいつが来た」と言うくらいになって1年ほどたったころ、幽霊は出なくなったそうだ。

調査レポート

特定の場所にとどまる幽霊のことを「地縛霊」というが、囚人の霊も監獄にとらわれていたのだろう。ただうろつくだけの幽霊には「顔を返して」と言いながら歩きまわる顔がない女の幽霊などもいる。

四章

データ

- 危険度 ★★☆
- 場所 監獄
- 国・地域 日本・東京都
- 時代 現代
- 特徴 監獄で目撃される幽霊。ケンカで死んだ囚人の幽霊が、夜になると歩きまわる。

霊魂

壁男

壁にぬりこめられた死者

　壁にぬりこめられた人にまつわる都市伝説。九州で、ある学校を建設中、職員がなんらかの理由で壁にぬりこまれてしまい、ゆくえ不明になったという。それからというもの、彼がいなくなった7月15日にその壁をたたくと、「外に出してくれ」といった声が聞こえたり、壁に人型のシミが浮かび上がってきたりするといわれている。

　ほかにも群馬県の学校では、壁ぬりの途中で亡くなった人がいて、事故現場の裏側にあたる理科室に、手のあとが浮かぶようになったという。また、茨城県の学校では、建設中に事故で亡くなった作業員が、夜な夜な校舎をうろついたという。

　もし学校の壁に人型のシミがあったら、建設途中に亡くなった人の怨念かもしれない。

データ

霊魂

危険度	★★★	場所	学校
国・地域	日本・九州地方	時代	現代
特徴	学校の建設中に、壁にぬりこめられて亡くなった人が、よみがえったとされる。		

四章

調査レポート

壁にまつわる都市伝説は海外にもある。1930年、アメリカの家の中で写真を撮ったら、背後の壁に見知らぬ男性が写っていた。後日、家を建て替えたときに壁をこわしたら、人骨が発見されたという。

マラウイテラービースト

人間を食らう凶暴な未知の怪物

アフリカ南東部にあらわれた、非常に凶暴でおそろしい怪物。目撃者によれば、怪物はハイエナに似ているが、ハイエナのように後ろ足は短くなかったという。

2003年、マラウイ共和国の農村部に住む多くの住民が、正体不明の怪物におそわれるという事件が起こった。赤ん坊をふくむ3人が殺され、それらの死体はなんと頭がい骨をつぶされ、内臓を食いあらされていたという。

怪物からかろうじてにげた人々も無事ではなく、手足や顔の一部を食べられるなどの重傷を負っていた。

この事件により、4000人もの人々が避難することになり、警察だけでなく軍隊も出動したが、怪物を見つけることはできなかった。怪物のゆくえは今もわかっていない。

調査レポート

その凶暴ぶりから、アフリカ大陸のケニア共和国にいる「ナンディベア」という凶暴な生物とも関係があるのではないか、という説もある。ナンディベアは人間の脳みそを食べるおそろしい怪物だ。

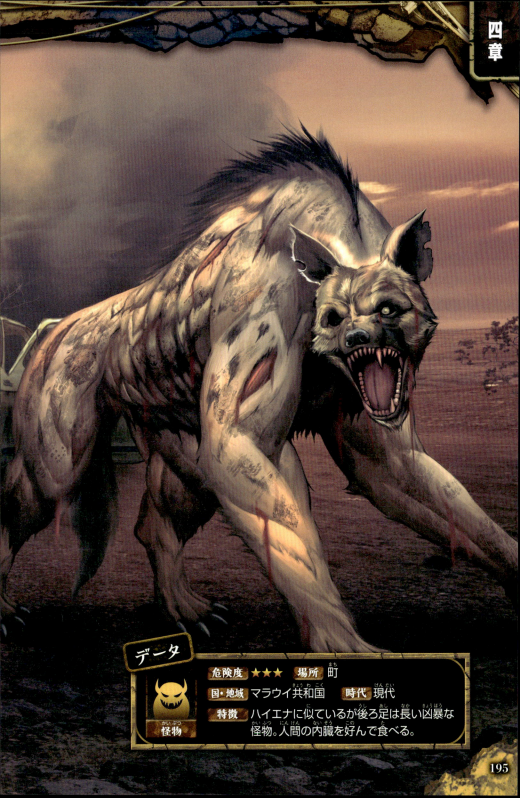

データ

- 危険度 ★★★
- 場所 町
- 国・地域 マラウイ共和国
- 時代 現代
- 特徴 ハイエナに似ているが後ろ足は長い凶暴な怪物。人間の内臓を好んで食べる。

白い女

手洗い場にあらわれる目のない怪人

　青森県の小学校で目撃された女の怪人の都市伝説。ある夏の日に、1人の児童が手洗い場で手を洗っていた。そこの窓の向こうにとつぜん白い服を着た女が立っていた。とても背が高く、髪の長いその女の顔には目がなかったという。白い女はすぐに消えたので、幸いにも児童に危険がおよぶことはなかったそうだ。しかし、

その後も何日間も連続で手洗い場の窓に白い女が立っていたという。

　ほかにもとても長い髪の毛が落ちているのを発見するなど、目撃者の児童の身のまわりでは不気味なことが続いたそうだ。児童が「早くいなくなれ」とずっと念じていたところ、学年が上がるころには白い女はあらわれなくなったという。

四章

調査レポート

背が高い女の怪人で有名なのが「八尺様（→P8）」だ。身長が八尺（約240cm）もあり「ぽぽぽぽ」と笑う。似た都市伝説として異様に背が高い「アクロバティックサラサラ」という怪人もいる。

データ

怪人

危険度	★★★	場所	手洗い場
国・地域	日本・青森県	時代	現代
特徴	学校の手洗い場に出る怪人。白い服を着た背が高く髪の長い女で、顔に目がない。		

データ

危険度 ★★★　**場所** トイレ
国・地域 日本　**時代** 現代
特徴 トイレの掃除用具入れに入ったまま、女の子が消えてしまったという不思議な現象。

現象

四章

トイレ追いかけっこ

掃除用具入れの中で消えた少女

　トイレで消えてしまった女の子にまつわる都市伝説。

　あるとき、追いかけっこをしていた女の子が、女子トイレの掃除用具入れの中に入ってかくれた。それを見ていた女子たちが、いたずら心から、掃除用具入れのとびらをおさえ、彼女を中にとじこめた。女の子は掃除用具入れの内側からとびらをたたいたが、女子たちはとびらを開けなかった。やがてとびらをたたく音がしなくなったので、不思議に思った女子たちがとびらを開けると、中にいたはずの女の子が消えていたという。

　結局、女の子はゆくえ不明になり、今も見つかっていないそうだ。この話は学校中に広まり大さわぎになったという。だが、不思議なことに、彼女の名前や学年、クラスはだれも思い出せなかったそうだ。

調査レポート

トイレで消えた女の子のように、町や山などで人がとつぜん消える現象を「神隠し」と呼ぶ。昔から伝えられている現象で、あるときもどってくることもある。天狗や神様のしわざと信じられていた。

199

教科書を差し出す手

探しものを見つけてくれる不気味な手

教科書を差し出してくれた、手だけの幽霊にまつわる都市伝説。

ある日、中学生だった目撃者が次の日の準備をしていたら、国語の教科書がどうしても見つからなかった。あちこち探しても見つからず、目撃者がふと仏間のふすまに目をやると、なんとふすまの影から不気味な手がのびていた。その手には国語の教科書があったという。目撃者はこわくなって目をそらしてしまい、しばらくたってもう一度見たら不気味な手は消えていた。おそるおそるふすまに近づくと、仏間には国語の教科書が落ちていたそうだ。

不気味な手の正体はご先祖様の手で、教科書のありかを教えてくれたのだろうか。目撃者がその後、不気味な手を目撃したかどうかはわかっていない。

データ

霊魂

危険度	★★★	場所	学校
国・地域	日本	時代	現代
特徴	仏間のある部屋から手だけつき出し、教科書のありかを教えてくれるやさしい幽霊。		

200

四章

調査レポート

手だけの幽霊はほかにもいる。山でまよったとき、亡くなった祖母の手がそでをクッと引っ張ってくれて、正しい道へと導いてくれたという「祖母のそで引き」という話も伝わっている。

立ち入り禁止の波止場

海に引きずりこもうとする子どもの幽霊

海に出る幽霊の都市伝説。昔、若者6人が立ち入り禁止になっている波止場（船が停まる場所）に夜中にこっそり入り、酒を飲んだり花火をしたりして遊んでいた。ふと1人が海の中で子どもがおぼれているのを発見した。若者6人のうち3人は海の中に子どもを見つけたが、3人は子どもをどうしても見つけられなかったという。

若者たちは子どもを助けようと近くの家の人を呼びに行った。呼ばれた近所のおじさんは、波止場に着くなり、子どもを助けるために海に飛び込もうとしていた若者に「やめろ！」とさけんだ。おじさんによると、子どもは人間を呼んで海に引きこもうとする幽霊だという。よく見ると、おぼれているはずの子どもは顔に笑みを浮かべていたという。

四章

データ

危険度	★★★	場所	波止場
国・地域	日本・沖縄県	時代	現代
特徴	\multicolumn{3}{l}{おぼれる子どもの幽霊が目撃される波止場。助けようとした人を海に引きずりこむ。}

霊魂

調査レポート

立ち入り禁止の波止場

波止場が立ち入り禁止の理由

立ち入り禁止の波止場に出る幽霊は、沖縄の海で目撃されている。若者たちを止めたおじさんによれば、子どもを助けようとする人が海に入ったとたん、この幽霊に引きずりこまれて死ぬ事件が何度も起きたそうだ。そのため、波止場を立ち入り禁止にして、海に近づけないようにしているのだという。

海で死んだ人が、生きている人間を海に引きずりこもうとする怪談はよく聞くが、立ち入り禁止の波止場に出る幽霊も、かつて海でおぼれて亡くなった人の霊なのだろうか。むやみに立ち入ると、あの世へ引きずりこまれてしまうかもしれない。

「立ち入り禁止」の場所には近づかないほうがいい。

海にあらわれる幽霊たち

海では昔から多くの幽霊が目撃されている。なかには生きている人間を海に引きずりこもうとする危険な幽霊もいるので、くれぐれも注意が必要だ。

✓ 海の上の親子霊

海の上に立つ、母親と子どもの幽霊。近くのがけから飛び降りた親子の霊だといわれている。ただ立っているだけで人間に危害をあたえるわけではないが、目撃者を大変驚かせる存在だ。ある船乗りが、海上でこの幽霊たちを目撃し、よけて幽霊との衝突をさけたという。

✓ 沖中の数十人の幽霊

明治時代に沖合いにあらわれたという、20人ほどの幽霊の集団。お盆の日、満月を見ようと3人の人が舟に乗って沖に出た。すると前や後ろ、左右の波間から、次々に幽霊があらわれ、舟を囲もうとしたという。3人は青ざめ、あわてて岸にもどったということだ。

✓ 弥平はいねか

海にあらわれる、頭がぐっしょりとぬれた中年男性のようなすがたをした幽霊。この幽霊は、昔、弥平という人物に殺されたうらみをもつ男性の幽霊だといわれている。
ある漁師が夜に漁から帰る途中、海の中からずぶぬれ中年男性があらわれ、船のへりに手をかけて「弥平はいねか」とたずねたという。漁師はとっさに、偶然持っていた節分の豆を投げつけ「弥平はいね」と言うと男性は消えたという。

節分の豆は鬼をはらう魔除けのアイテムで、幽霊にも効くようだ。

ジュースの
おばあさん

死んだあとも玄関先に立つ老人の幽霊

ネットで語られている都市伝説。目撃者が小学生だったころ、新聞屋の父親を手伝って朝刊の新聞配達をしていたという。そのなかで、毎朝玄関をそうじしているおばあさんがいて、あいさつをすると、いつも笑顔で目撃者にジュースをプレゼントしてくれたという。

ある日、いつものように玄関先にいるおばあさんにあいさつをする

と、無表情で返事がなく、ジュースをくれなかった。その次の日も同じで、さらに新聞が郵便ポストに入ったままだったという。

後日調べたところ、おばあさんは1週間ほど前に家の中ですでに亡くなっていたという。死んでいることにだれかに気づいてほしくて、目撃者の前にすがたをあらわしたのではないか、といわれている。

調査レポート

数日前に死んだ人が、屋根の上に正座をして遠くを見つめていたという都市伝説もある。死んだ人や幽霊が生きている人に気づいてほしくてすがたを見せるという話は多く伝わっている。

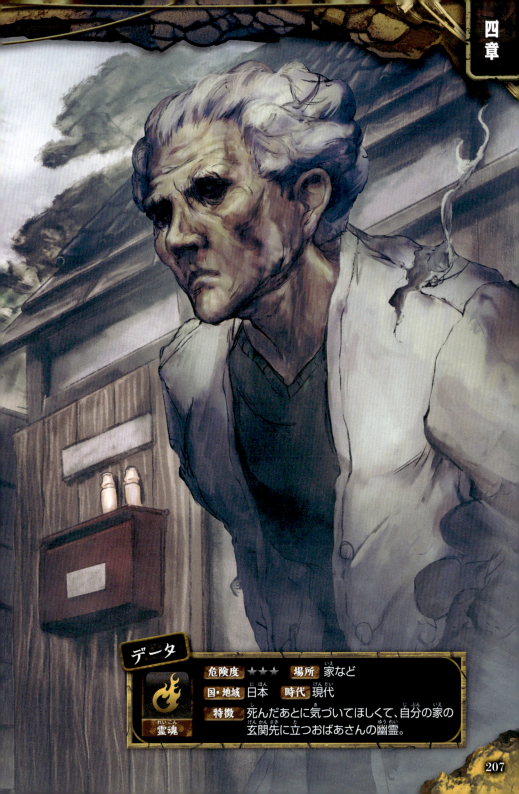

四章

データ

- **危険度** ★★★
- **場所** 家など
- **国・地域** 日本
- **時代** 現代
- **特徴** 死んだあとに気づいてほしくて、自分の家の玄関先に立つおばあさんの幽霊。

霊魂

207

消えた花嫁

結婚式当日にすがたを消す花嫁の怪異

結婚式の日に花嫁が消えるという海外で有名な都市伝説。昔、結婚式でゆくえ不明になった花嫁がいた。その結婚式は花嫁の祖母の家で開かれており、参加者とかくれんぼをするというお楽しみ企画があった。しかし、花嫁だけは、家中を探しまわっても見つけることができなかった。

花嫁がどこかへ消えてしまってから、やがて数年がたった。あるとき、花嫁の妹が結婚することになった。

妹は屋根裏部屋にある大きなトランクに入っている結婚式の衣装を出そうとした。トランクを開けると、中には白い花嫁衣装を着た姉の遺体があった。花嫁は自分の意志で消えたのではなく、かくれんぼのときに大きなトランクにかくれたのだった。しばらくたって花嫁が外に出ようとしたとき、鍵が閉まって出られなくなり、そのまま息ができずに亡くなってしまったのだった。

調査レポート

結婚式の日に花嫁がゆくえ不明になるという都市伝説は、海外ではよく聞かれる怪談のようだ。実際にそのような事件が起きたという証拠はないとされ、ほとんどが作り話だといわれている。

四章

データ

	危険度 ★★★	場所	家など
⚡現象	国・地域 世界中	時代	現代
	特徴 結婚式にしたかくれんぼのあと、ゆくえ不明になる花嫁。のちに遺体で発見される。		

ささろさん

子どもにしか見えない白くて大きな存在

　小さな子どもにだけ見える、ささろさんと呼ばれる不思議な存在。ささろさんは、大きく白くて、顔のないすがたをしている、やさしい存在だという。

　インターネットに投稿された情報によると、ささろさんは3歳になる娘にいつもやさしく接してくれて、髪を結んでくれたり、お菓子をとっ てくれたり、いっしょに遊んでくれたりするという。ささろさんはいつも家にいて、ときどきお風呂に入ったり、ソファに座っていたりするが、家のものに悪さをすることはないという。

　ささろさんは、家に住みつきその家の人を守ってくれる「座敷童」のような存在かもしれない。

四章

データ

危険度	★★★	場所	家
国・地域	日本	時代	現代
特徴	小さな子どもにしか見えない怪物。大きくて白くて、顔がないすがたをしている。		

怪物

調査レポート

ささろさん

子どもにだけ見える存在

ささろさんのすがたは大人には見えないが、気配を感じることはあるという。父親が風呂で髪を洗っていたら、後ろに何かの気配を感じた。男性が風呂から上がると、あとで小さな娘が「パパ、ささろさんとお風呂に入っててね」と言ったという話もある。

別の話では、2歳の娘が夜にとつぜんベランダに走っていき、外に向かって「バイバ〜イ、バイバ〜イ」と手をふって「行っちゃった」と言ったが、親がのぞいても外にはだれもいなかったそうだ。娘が見たものがささろさんだったかどうかは、わかっていない。

背後に気配を感じたら、ささろさんかもしれない。

こわいおばけ「ミヤザキ」

　子どもにだけ見える「ミヤザキ」という怪物の情報もある。

　ミヤザキは、ツノの生えた鬼のようなものといわれている。ある夜、ねていた娘がとつぜん泣き出したので、父親が様子を見に行った。すると娘が泣きながら「タンスの引き出しが少し開いて、ミヤザキが見ていた」と言ったという。ほかにも、幼稚園の帰りにミヤザキがこちらを見ていた、風呂場のお湯の中にミヤザキがいた、という子どもの目撃情報もある。

　ささろさんとは異なり、ミヤザキは子どもたちにこわがられている存在のようだ。

ミヤザキは子どもをじっと見つめているらしい。

イマジナリーフレンド

　ささろさんやミヤザキのように、小さい子どもにしか見えない存在の話はよく聞く。

　このような存在を、心理学では「イマジナリーフレンド」と呼ぶ。「空想の友だち」という意味で、おしゃべりをしたり、遊んだりできるが、ほかの人には見えない、その子どもが作り上げた空想上の存在だ。多くの場合、イマジナリーフレンドは、その子どもが成長するといなくなってしまうといわれている。ささろさんもイマジナリーフレンドの一種なのだろうか。

データ

危険度	★★★	場所	押入れ
国・地域	日本	時代	現代
特徴	押入れの中に住んでいる幽霊。中年男性のような見た目で、子どもの味方。		

霊魂

四章

押入れのお化け

押入れに住んでいる、心やさしい幽霊

　押入れに住んでいる幽霊。中年男性のような見た目で、ポロシャツを着てチノパンをはいているが、体が半透明になっている。正体は不明だが、子どもの味方だという。

　目撃者が小さかったころ、近所の老夫婦の家によく遊びにいっていた。その老夫婦からは「押入れにお化けがいるんだよ」とよく言われていたので、目撃者はできるだけ押入れに近づかないようにしていたという。

　あるとき、目撃者が遊びにいくと老夫婦が留守だったので帰ろうとしたら、玄関のドアが勝手に開き、押入れのお化けがあらわれた。お化けはドアをていねいに閉め、目撃者に手を振り、にこやかな笑顔のまま、空へと消えていったそうだ。目撃者がその後、押入れのお化けを見たかどうかはわかっていない。

調査レポート

　「押入れ幽霊」という、夜中の0時から2時の間に見ることができる幽霊もいる。その時間に押入れに入り、10まで数えて後ろを振り向くと、押入れに住みついている幽霊がいるという。

215

シベリアンハスキー

田舎道にあらわれた犬の霊

　動物霊園の近くの田舎道にあらわれたという、不思議な犬にまつわる都市伝説。目撃者によると、田舎道を車で走っていたところ、シベリアンハスキーという種類の犬が、道の向こうからトコトコと走ってきた。飼い主からにげ出したか、飼い主に捨てられた犬かもしれないと思った目撃者は、犬を放っておけず、すぐに車をUターンさせた。ところが、数秒前まで道を走っていたはずの犬がどこかへ消えてしまったという。
　目撃者は不思議に思いながらも、車の進路をもどしてしばらく道を行

データ

危険度	★★★	場所	道
国・地域	日本	時代	現代
特徴	動物霊園のそばの田舎道にあらわれた犬の霊。飼い主のもとへ帰ろうとしていた？		

霊魂

動物霊園
この先 500m

くと、動物霊園（亡くなったペットのお墓がある場所）があった。もしかしたら目撃者が見たシベリアンハスキーは、動物霊園からあらわれた犬の霊で、飼い主のもとへ走って帰ろうとしていたのかもしれない。

調査レポート

人間以外の動物の霊を動物霊という。死後に飼い主に会いにいったり、飼い主に危機を知らせたりするいい動物霊もいれば、人間にうらみをいだき、とりついて危害を加える悪い動物霊もいる。

217

データ

霊魂(れいこん)

危険度 ★★★　場所 部屋(へや)
国・地域 日本(にほん)　時代 現代(げんだい)
特徴 ねているときに水音(みずおと)とともにあらわれるシャケの切(き)り身(み)の幽霊(ゆうれい)。出現理由(しゅつげんりゆう)は不明(ふめい)。

四章

シャケの切り身の幽霊

夜中に落ちていた食べ物の幽霊

インターネット掲示板で噂された食べ物の幽霊の都市伝説。

ある夜、目撃者がねむれずにいると、布団の足元で「ザボーン！」という魚が水をはねたときのような音がした。あわてて目をさまして足元を見てみると、畳の上にシャケの切り身の幽霊が落ちていたという。その異様な光景を前に、目撃者は特にたしかめることもしないまま、こわくなって布団をかぶってそのままねてしまった。

目撃した日の前後で、目撃者がシャケの切り身を食べたということもなかったそうだ。なぜ目撃者のねているところにシャケ本体でもなく、シャケの切り身の幽霊が出たのかは不明である。目撃者いわく、次に目撃したら、食べてみて味をたしかめたいそうだ。

調査レポート

ねているときに布団の足元に何かがあらわれるという都市伝説はほかにもある。「足取りジジイ」という怪人は、布団から足を出してねていると「足をくれ〜」と言いながら足をうばっていくという。

219

都市伝説リスト（50音順）

あ

青いもの	128	エンピツおばけ	186
青ぼうず	92	おあずかりしています	162
赤いトンボ	130	応援する幽霊	98
赤電車の幽霊	132	応挙の幽霊	78
悪夢のタイピングゲーム	118	狼に殺されし山伏3人の幽霊	156
アポロ計画陰謀論	108	大食いの幽霊	184
行きつけのゲーセン	90	押入れのお化け	214
インポッシブル・コイン	88	鬼宇宙人説	60
裏拍手	176		

か

骸骨模型の怪	46	消えた花嫁	208
怪獣倉庫	100	キューピットさん	24
海上を行進する兵隊	154	教科書を差し出す手	200
顔が半分ない人	30	京人形	104
がしゃがしゃさん	172	金魚鉢をかぶった幽霊	136
壁男	192	くちはてた車	102
体の中でふえるフジツボ	40	くねくね	6
カンカンダラ	116	コティングリー妖精事件	26
監獄をうろつく囚人の幽霊	190		

さ

ささろさん	210	初期化幽霊	148
座敷坊主	144	白い女	196
さっちゃん	126	白い高級車	44
サンゴちゃん	18	深夜のはりきりボーイ	68
シベリアンハスキー	216	スケボーババア	66
シャケの切り身の幽霊	218	せんじゅさま	28
ジュースのおばあさん	206	扇風機をつけたままねると死ぬ	76

220

た

ターボババア ……………………… 7
立ち入り禁止の波止場 ………… 202
太郎くん ………………………… 150
チャラい感じのにーちゃん …… 34
注射男 ……………………………… 9
超足が速い人 …………………… 54

ツチノコ ………………………… 188
テレポートするTくん ………… 72
トイレ追いかけっこ …………… 198
トイレの花子さん ………………… 5
東京タワー ……………………… 84

な

謎のアップデート ……………… 52
ナンチャッテおじさん ………… 174
偽物の警察官 …………………… 182

猫の踊り場 ……………………… 140
ノースリーブお兄さん ………… 138

は

バイク乗りの若者 ……………… 106
パジャマを着た子ども ………… 58
八尺様 ……………………………… 8
バッタリさん …………………… 122
飛脚のふんどし ………………… 42
不気味すぎる貼り紙 …………… 180
2人の父親 ……………………… 160

ブラックナイト衛星 …………… 112
ブリッジ女 ……………………… 32
ベースカバーをする幽霊 ……… 94
坊さんの幽霊 …………………… 124
保健室のねむり姫 ……………… 168
ボス猫 …………………………… 80
本屋の怪文書 …………………… 134

ま

マラウイテラービースト ……… 194

や

山のコンビニ …………………… 50

幽霊の似顔絵 …………………… 96

ら

ライブ会場の写真 ……………… 62
らいんわらし …………………… 146
臨死体験にあらわれる幽霊 …… 158

霊感テスト ……………………… 38
レプティリアン ………………… 20

わ

忘れもの帳 ……………………… 82
私はだれでしょう？ …………… 56

笑い女 …………………………… 70

illustrator credit
イラストレータークレジット
(50音順)

合間太郎
トイレの花子さん............4、5
ブリッジ女............32
体の中でふえるフジツボ............40
スケボーババア............66
扇風機をつけたまま
ねると死ぬ............76
赤いトンボ............130

あおひと
サンゴちゃん............18
太郎くん............150
2人の父親............160
がしゃがしゃさん............172

anco
八尺様............4、8
レプティリアン............20
チャラい感じの
にーちゃん............34
悪夢のタイピングゲーム............118

icula
注射男............4、9
超足が速い人............54
応挙の幽霊............78
バッタリさん............122

池田正輝
骸骨模型の怪............46
応援する幽霊............98
臨死体験に
あらわれる幽霊............158

石毛洋輔
ノーチのしっぽ
研究所
コティングリー
妖精事件............26
ボス猫............80

石丸純
監獄をうろつく囚人の幽霊............190
白い女............196
立ち入り禁止の波止場............202
消えた花嫁............208

市川友章
深夜のはりきりボーイ............68
猫の踊り場............140

空蝉らり
謎のアップデート............52
忘れもの帳............82
インポッシブル・コイン............88
不気味すぎる貼り紙............180
エンピツおばけ............186
ささろさん............210

海野シュウスケ
ブラックナイト衛星............112
ツチノコ............188
マラウイテラービースト............194

怪人ふくふく
青ぼうず............92
京人形............104
大食いの幽霊............184

金子大輝
怪獣倉庫............100

古賀マサヲ
山のコンビニ............50
本屋の怪文書............134

こしあん
バイク乗りの若者............106
狼に殺されし
山伏3人の幽霊............156

作者	作品	ページ
債鬼	飛脚のふんどし	42
	座敷坊主	144
	トイレ追いかけっこ	198
橘つ	顔が半分ない人	30
Toy(e)	鬼宇宙人説	60
	坊さんの幽霊	124
中村淳一	青いもの	128
ニハチ	東京タワー	84
	行きつけのゲーセン	90
	保健室のねむり姫	168
ノ lnH	カンカンダラ	116
haluaki	キューピットさん	24
白永エベ	霊感テスト	38
	らいんわらし	146
	初期化幽霊	148
プーチャミン	アポロ計画陰謀論	108
	教科書を差し出す手	200
	シャケの切り身の幽霊	218

作者	作品	ページ
fracoco	ライブ会場の写真	62
	幽霊の似顔絵	96
	赤電車の幽霊	132
	金魚鉢をかぶった幽霊	136
	おあずかりしています	162
	裏拍手	176
増田羊栖菜	私はだれでしょう？	56
	せんじゅさま	28
	笑い女	70
	テレポートするTくん	72
	さっちゃん	126
	偽物の警察官	182
madOwl	ノースリーブお兄さん	138
	押入れのお化け	214
Moopic	ターボババア	4、7
森野ヒロ	ジュースのおばあさん	206
ロブジャ	白い高級車	44
	くちはてた車	102
	ナンチャッテおじさん	174
	壁男	192
	シベリアンハスキー	216
若林やすと	くねくね	4、6
	パジャマを着た子ども	58
	ベースカバーをする幽霊	94
	海上を行進する兵隊	154

223

●監修者
朝里 樹[あさざと いつき]

作家。北海道在住。公務員として働くかたわら、怪異・妖怪の収集・研究をおこなう。著書に『続・日本現代怪異辞典』(笠間書院)、『プロの小説家が教えるクリエイターのための怪異図鑑』(日本文芸社)、著書・監修に『日本怪異妖怪事典』シリーズ(笠間書院)、監修に『大迫力!戦慄の都市伝説大百科』(西東社)、『創作のための魔術&錬金術用語辞典』(玄光社)など多数。

●イラスト(五十音順)
合間太郎、あおひと、anco、icula、池田正輝、石毛洋輔(ノーチのしっぽ研究所)、石丸 純、市川友章、空蝉らり、海野シュウスケ、怪人ふくふく、金子大輝、古賀マサヲ、こしあん、債鬼、橘ァ、Toy(e)、中村淳一、ニハチ、ノInH、haluaki、日永エベ、ブーチャミン、fracoco、増田羊栖菜、madOwl、Moopic、森野ヒロ、ロブジャ、若林やすと

●写真提供
ユニフォトプレス、Getty Images、Wikimedia Commons

●写真クレジット
にゆうてい Niyute (P142)

●リサーチ協力
サナダマ

●デザイン・DTP
芝 智之

●編集協力
えいとえふ

大迫力! 禁域の都市伝説大百科

2024年11月25日発行 第1版

監修者	朝里 樹
発行者	若松和紀
発行所	株式会社 西東社

〒113-0034 東京都文京区湯島2-3-13
https://www.seitosha.co.jp/
電話 03-5800-3120 (代)

※本書に記載のない内容のご質問や著者等の連絡先につきましては、お答えできかねます。

落丁・乱丁本は、小社「営業」宛にご送付ください。送料小社負担にてお取り替えいたします。
本書の内容の一部あるいは全部を無断で複製(コピー・データファイル化すること)、転載(ウェブサイト・ブログ等の電子メディアも含む)することは、法律で認められた場合を除き、著作者及び出版社の権利を侵害することになります。代行業者等の第三者に依頼して本書を電子データ化することも認められておりません。

ISBN 978-4-7916-3401-9